商品名がズバリわかる!

保険こう選ぶのが正解!

2024〜2025年版

認知症保険
介護保険
iDeCo
共済
自動車保険
火災保険
地震保険
自転車保険
定期保険
収入保障保険
終身保険
医療保険
がん保険
ペット保険
学資保険
ミニ保険
NISA

ファイナンシャル・プランナー
横川由理
Yuri Yokokawa

実務教育出版

はじめに

生命保険の相談を、保険屋さんにしてはいけません。

たとえあなたの加入している保険が自分にぴったりと思っても、たとえ貯蓄がたくさんあったとしても、売る立場の人にとって、「保険は必要ありません」という選択はないのです。

相談が無料なのは、商品を販売しているから。保険会社はお米やお肉など魅力的なプレゼントで、保険に入ってくれる人を探しています。私たちは保険に入るのか、入らないのかを、自分自身で判断する力を身につけることが何よりも大切です。

毎月口座から引き落とされる保険料は、それほど負担にならなくとも、何十年分を合計すると1000万円を超えることも珍しくありません。多くの家庭では保険に入りすぎている傾向にあります。

保険には「入るべき保険」と、「入らなくてもよい保険」があります。さらに、保険には**「入るべき時期」**と**「入らなくともよい時期」**もあります。保険料というコストを払っても、将来必ず役に立つとは限りません。生活が苦しいのに「保険料を払った結果、貯蓄ができなかった」という最悪の事態に陥ってはならないのです。

貯蓄を行うことは、**「不利な金融商品である保険に加入しない」**という大きなメリットが生まれてくるわけです。

貯蓄があるため、生命保険や医療保険に加入する必要性が低くなります。ぜひ、保険を見直してみてください。

保険を見直すことで、余計な保険料を払う必要がなくなります。**保険と貯蓄は表裏一体。**保険料を払わない分、さらに貯蓄は増えていくでしょう。

生命保険は一定期間のみ、「世帯主の死亡」という大きなリスクに対して加入するものです。

一方、病気やけがでの入院に関しては、健康保険の高額療養費や傷病手当金があるので、医療保険に加入する必要性は見出せません。毎年必ず入院するというのであれば、話は別ですが、多くても10年に1回、15日程度の入院であれば、医療費はせいぜい10万円以下。医療保険に入っていると、入院給付金や手術給付金を合わせて10万円から20万円ほど支払われると思います。「保険に入っていてよかった」と思いがちですが、**10年間で支払う保険料の合計は、給付金の何倍も払っている**ことに気づいてください。

生命保険で備えるのは「不測の事態」つまり、扶養家族がいる人の死亡に限られます。必要な保障はしっかり確保し、時期がきたら保険は卒業です。

不安を何でもかんでも保険に頼るのではなく、**「賢く保険を利用していく」**という感覚を身につけていきましょう。

２０２３年９月

横川 由理

目次

プロローグ

保険選びは、家計を助ける！

保険の正しい入り方

Part 1

超簡単！ステップでわかる保険選び

保険選びの3つの法則

Part 2 知らないと損！ 公的制度は手厚い保障だった

Part 3

保険の基本のき

知っておきたい保険の基礎知識

一押しの保険はコレ！
選ぶべき生命保険、教えます

Part 5 ライフスタイル別 保険最強の組み合わせ

Part 6
保険の裏ワザ
家計に優しい保険の見直し術

Part 7

節税になるお得ワザ
ここが肝心！ 貯蓄アップの方法

Part 8 備えあれば憂いなし 損害保険の賢い使い方

（注）本書に掲載しているデータ・商品名などは、2023年10月末時点のものです。

装幀：藤井国敏
本文イラスト：Maiko Yamamoto
本文図版・レイアウト：鶴田 環恵
編集協力：Office Yuki
プロデュース：長尾 義弘

プロローグ

保険の正しい入り方

保険選びは、家計を助ける！

保険の正しい入り方

「なんとなく」で保険を選ぶのはやめよう

◇保険は上手に利用する

私たち日本人は、無類の保険好き。8割以上の人が何らかの生命保険に加入しています。

「それほど貯蓄はないけれど保険にはたくさん加入しています」という人もいらっしゃるのではないでしょうか。保険に加入すると安心しがちですが、もしかしたら、**必要のない保険料を払っている**かもしれません。

私たちには保険を選ぶための正しい方法を学ぶ機会がありませんでした。そのために、すすめられるまま加入してしまったり、上手に商品を選べなかった可能性があります。

その背景には、近年の過剰な広告という存在が大きいように感じます。保険会社も企業ですから、自社の商品を「やれ入院が心配だ」とか「85歳まで入れます」など、アピールするのは当たり前。保険会社が悪いわけでも、騙(だま)しているわけでもありません。要はこちらの知識不足が大きな原因なのです。

保険は死亡した場合に保障を得るもの。世帯主の死亡で、家族が路頭に迷わないよう、子どもが進学をあきらめることがないように死亡保障を確保します。

保障を得ることと引き換えに、保険料というお金を払います。そして、加入者のうち**だれかが死亡した場合に、保険金が支払われる。小さな保険料で大きな保障を得る**。これが、保険のしくみです。保険の掛け過ぎにご用心。日本の社会保険は手厚いのです。

これからは**なんとなく保険を選ぶのではなく、保険会社を上手に利用する**という感覚を持ちましょう。

◎保険貧乏さん vs 適切保険さんの家計簿（手取り30万円）

項　目	保険貧乏さんの支出	適切保険さんの支出
住居費	80,000円	70,000円
光熱費	12,000円	15,000円
食　費	43,000円	40,000円
通信費	13,000円	10,000円
…	…	…
生命保険料	38,000円	13,000円
その他	20,000円	20,000円
貯　蓄	3000円	45,000円
合　計	300,000円	300,000円

保険料の負担が重くて
貯蓄ができない

適切保険さんは
やりくり上手

◎調査の8割は生命保険に加入している

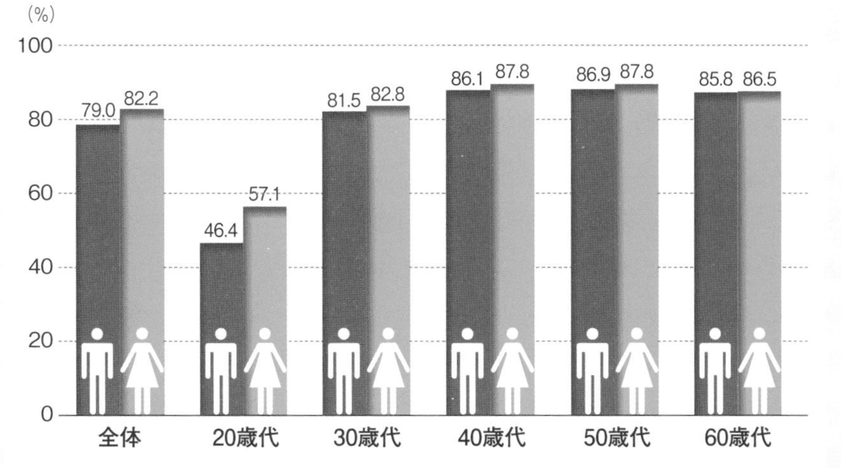

注：民間の生命保険会社や郵便局、JA（農協）、生協・全労済で取り扱っている生命保険や生命共済（個人年金保険やグループ保険、財形は除く）の加入率を示す。
出典：生命保険文化センター「生活保障に関する調査」令和4年度

保険の正しい入り方

保険は人生で2番目に高い買い物

◇保険貧乏にご用心

「とにかく保険に入っておくと安心」と思ってしまいがちですが、その「安心」を得るために払う保険料の総額を考えたことがありますか。1世帯当たりの年間保険料は37・1万円。保険は住宅の次に高い買い物だといわれています。

大げさに聞こえるかもしれません。ですが、**30年にわたって、37万円を払い続けると、軽く1000万円を超えてしまうのです。**

保険料に1000万円も費やすのであれば、貯蓄ができないのもうなずけますね。

これだけの保険料を払っても、保険は死亡したときなど契約に定めた条件にあてはまらないと支払われないのです。

たとえば、「1ヵ月間、自宅療養する」場合や、「子どもの予備校代に80万円かかる」「失業してしまった」などの場合、金銭的に苦しくなりがち。でも、保険からの給付はおろか、保険料の支払いは待ってはくれません。

"いざ"というときに備えて保険に入ったつもりが、反対に加入すればするほど、家計が火の車になるという悪循環に陥ってしまいます。

たとえば、十分な貯蓄がないために、車を購入するときや教育費のローンを組むと、利息を払う分、さらに家計の負担が大きくなってしまうでしょう。

ときどき「医療費よりも入院給付金が多く支払われて得をした」という話を聞きますが、実は保険料の合計額のほうがかなり高いのです。このように考えると保険に入りすぎだと気がつきます。

◎1世帯当たりの年間の払込保険料

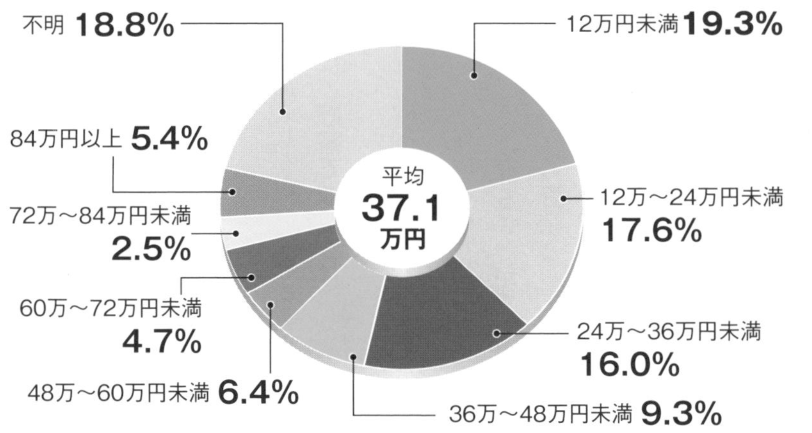

注：年間払込保険料は、民間の生命保険（かんぽ生命を含む）、JA、生協、全労済の計。一時払い・頭金の保険料は除く。
出典：生命保険文化センター「生命保険に関する全国実態調査」2021年度

◎見落としがちな注意点

- ボーナスが出ない
- 失業した
- 自宅療養
- 教育費がかさむ
- 自動車を購入する

保険料の負担が重くて貯蓄ができない

保険に加入しても、こういったリスクや出費に備えることは難しい

上のような、いざというときには役に立ちません

保険の約款

こういったときに保険金を払います。

- 死亡したとき
- 入院したとき
- がんと診断されたとき

保険の正しい入り方

保険で備えるリスクとは？

◇保険に入る？　それとも入らない？

「保険には加入しない」という選択もあります。そもそも保険は、**貯蓄では足りない「不測の事態」に備えるもの**。

たとえば、終身保険を思い浮かべてください。この保険は一生涯の保障があり、貯蓄性のある保険です。必ず保険金を受け取ることができますから、お葬式代の準備や、老後の資金として活用できることがメリットだといえます。

しかし、「歳を取ってからの死亡は、不測の事態ではないので保険には加入しない」というのが正しい保険の考え方なのです。

もし長い間、終身保険に加入していらっしゃる人は、そのまま続けても大丈夫です。

◇不測の事態とはどんなとき？

保険会社は保険を売ることが商売ですから、死亡やがんにかかるなど、当たり前のことを不測の事態のように取り扱う傾向にあります。

そもそも人が死亡する確率は100%ですし、2人に1人はがんにかかります。がんにかかる前や診断される前に死亡するケースまで含めると、かなりの人が、がんにかかるといっても言いすぎではありません。

「不測の事態」。それは早すぎる死亡のことを指します。私たちは負担した保険料が戻ってきそうな保険を好みます。必ず保険金をもらえる「終身保険のほうがお得」な気分になったり、老後は病気になる可能性が高そうだから、「医療保険やがん保険には、ぜひ

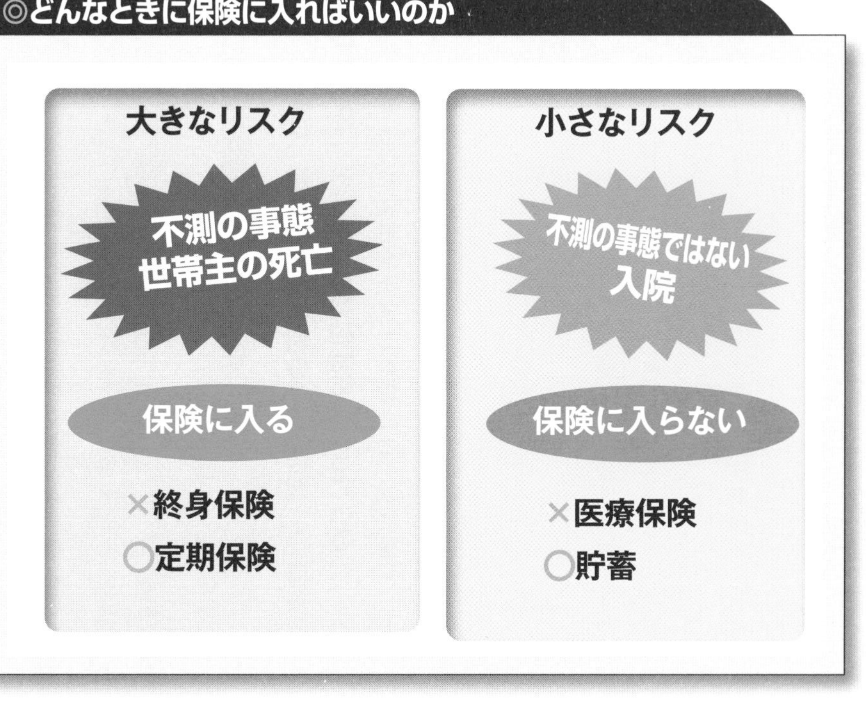

加入しておきたい」と思ってしまうのではないでしょうか。

そもそも、お得な保険は存在しませんし、歳をとって、入院をすることは不測の事態ではありません。こういった小さなリスクには、「保険には頼らない」と覚悟を決めてください。必ず損をします。

◇貯蓄でカバーできない部分に対処

保険に入るときは**「必要最小限にする」**という感覚を身につけましょう。貯蓄では足りないことを補うのが保険の役割でしたね。貯蓄で足りないのは、たとえば子育て世代の世帯主が死亡すること。子ども１人につき、教育費や生活費が２０００万円ほどかかります。こういった**大きなリスクに備えるのが保険**です。

不安なことを全部保険に頼ってしまうと、保険料の負担が重くて、生活はギリギリ。まずは健康に気をつける、そして保険を上手に利用することで、貯蓄も増えていきます。保険に加入するのか、しないのかを見極める力をつけていきましょう。

保険の正しい入り方

保険ではインフレに太刀打ちできない

◇将来の物価は予測不可能

保険は、**超長期固定金利の金融商品**です。**将来の保険金は、あらかじめ契約時に決まっている**のです。現在のように物価が上昇し続けると、物の値段に対して保険金の価値が小さくなってしまいます。

日本銀行が「毎年2％のインフレにする」と断言し、2023年1月には前の年と比べて4・3％も物価が上がりました。

物価が上がると、どれくらい保険金の価値が小さくなるのでしょうか。40歳の男性が「500万円の終身保険に加入した」例で考えてみましょう。

（例）60歳までの20年間で支払う保険料は、ひと月1万8000円。

1万8000円×12ヵ月×20年＝432万円

保険料の負担が432万円で、死んだら500万円受け取れる保険は、はたして〝お得〟なのでしょうか。いいえお得ではありません。平均寿命で考えると、男性が死亡する年齢は81歳。40歳の男性が41年後に受け取る「500万円」の価値を考えてみましょう。

このまま2％のインフレが41年続いたら500万円の保険金の価値は222万円に下がります。

ということは、保険料を432万円支払っても、210万円分低い222万円の価値しかないことがわかります。これが**長期間の固定金利商品にお金を預け入れる最大のデメリット**となります。

もしかしたら、このインフレは今だけだと思っているかもしれません。違うのです。これまでデフレが30年続いたことが異常だったのです。世界では2％くら

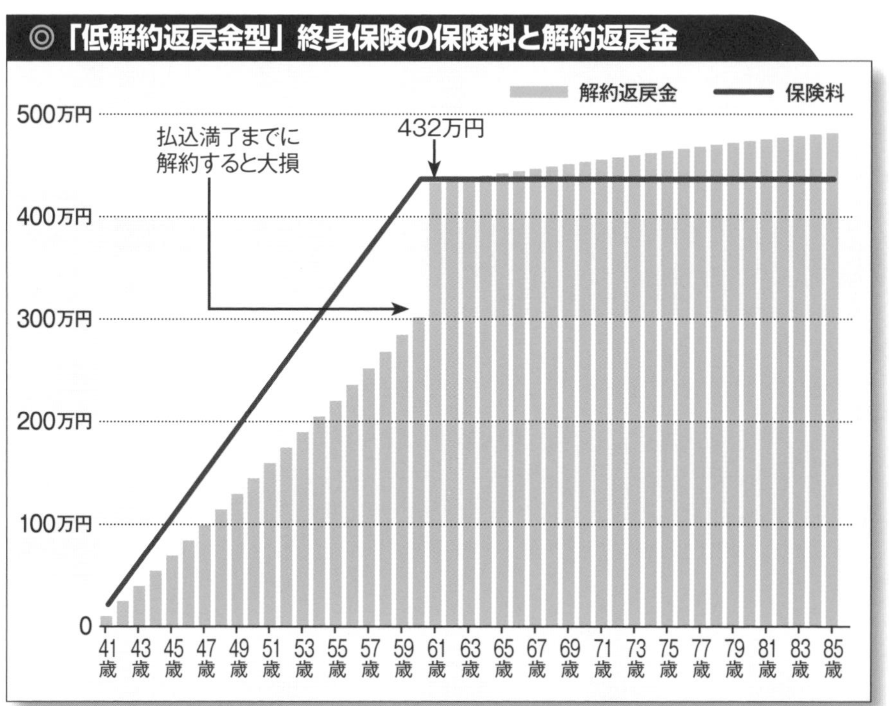

いの軽いインフレが正常な状態です。日本も正常な状態に戻っていく可能性は高いと思います。

◇利息が1円もつかない商品

保険金の価値が目減りするというのは、保険料の払込み中に死亡しないという前提でお話ししています。もしも、契約から短い期間で死亡すると、保険料よりもはるかに高額の保険金を受け取れます。でも、これを「お得」とは言いません。また、終身保険の保険料の負担は重いため、途中で払えなくなったり、解約をすると、明らかに損をすることになります。

上図の終身保険は「低解約返戻金型」で試算しました。**60歳時に解約すると、わずか保険料の67%しか返ってきません。**保険料は432万円なので、300万円くらいでしょうか。61歳のときにちょうど払った保険料くらいになります。20年間も保険料を払って、利息が1円もつかない商品がお得と言えるのか、よく考えてみましょう。

物価の上昇を考えると、とくに若い人は**将来受け取るお金を、現在の金額で固定してはいけません。**

保険の正しい入り方

あなたに必要な保険とは？

◇どんなリスクがあるか

ごく普通に生活をしていても降りかかってくる〝不測の事態〟。その経済的なダメージを最小限にすることが保険に加入する目的です。

家計が大きなダメージを受ける原因には、どんなことが考えられるでしょうか。

死亡、病気やけが、介護、失業、火事や自然災害、事故などたくさんのことが思い浮かびます。被害者になってしまうこともあれば、反対に加害者になってしまうこともありえます。

これらのリスクを2つに分けてみましょう。

①人に関するリスク
②物や賠償責任に関するリスク

保険には生命保険と損害保険の2種類があり、それぞれ守ってくれる範囲が異なります。人の命や病気などにかかわる分野は生命保険の受け持ち。そして、交通事故、火事や自然災害、ほかの人への賠償責任に備えるには損害保険に加入することになります。

◇公的制度の不足分を保険で補う

本書では生命保険や医療保険などに関することを中心として、ｐａｒｔ８では損害保険に賢く加入する方法について記載しています。

さて、**不測の事態に備えるといっても、すべてを保険で解決するわけではありません。**必要な保険を考える前に、まずは公的制度を確認することからスタートしましょう。

死亡や入院といったリスクには遺族年金や健康保

◎リスクの応じた備えを

① 生命保険

死亡などによる
収入のダウンに備える

[生活費など]－[公的制度]
＝[必要保障額]

② 損害保険

自動車事故や火災などの
突然の支出に備える

損害賠償も対象

険からの給付があるはずです。公的制度からどのくらい受け取れるのか、遺族が暮らしていくために不足するのであれば、その不足分を補うために保険を利用しましょう。「保険は必要保障額（26ページ）で加入しなさい」というのは、不足分を補うという意味です。

◇ダメージを回避できるか

一方、家が燃えてしまったり、交通事故を起こして相手を死傷させてしまうこともあります。こういった事故は損害額や賠償額が大きくなりがちですが、めったに起こることではありません。ですが、国や自治体からの援助は期待できません。

交通事故など、賠償額が3億円を超えることも珍しくありません。家計に大きなダメージどころか、自己破産に追い込まれてしまう人もいます。たとえ自己破産しても賠償責任から逃れられません。

保険を選ぶポイントは、保険料が安ければよいのではなく、**受けたダメージをキチンと回避できるか**を考えることなのです。

COLUMN

お金の価値を損なうインフレ

インフレとは、モノの値段が上がること。これまでひとパック200円で買えた卵は、今では350円に値上がりしました。

これまで200円と卵は同じ価値でしたが、卵の価値は350円になりました。もう200円では卵を買うことはできません。これは200円の価値が下がったという意味です。

食べ物はもちろん、電気代にガソリン代、家電製品など、身の回りの商品、あるいは宅配便や美容室代などのサービスの値段が全部、値上がりしてしまいました。

私たちにとってインフレは、生活費がかさむので、生活が苦しくなってしまいますよね。もっとも最近では、給料が上がってきてはいますが、大企業などごく一部の人に限られるでしょう。

もしかしたら、多くの人は、インフレは一時的なものと考えていらっしゃるかもしれません。ですが、政府は「毎年2%くらいのインフレが理想」と、断言しています。

これからは時代が変わるということ。インフレ時代は、保険に入ったり、お金を銀行に預けているだけでは、お金の価値が下がってしまうことになります。

この先、世の中の金利は上がっていくでしょう。いいですか。保険は加入したときに将来の保険金と利率が決定する商品です。

世の中の金利が上がっていくのと反対に、保険商品の価値はどんどん下がっていきます。

保険で資産運用をしたり、学資金を貯めることはインフレ時代にはNG。最後のほうでお話ししますが、NISA制度や確定拠出年金などを使って、効率的にお金を増やす工夫をしてください。

お金の知識がある人とない人では、資産に大きな差がついてしまう時代がやってきました。

Part 1

保険選びの
3つの法則

超簡単！
ステップでわかる
保険選び

保険選びの3つの法則

あなたは保険に入りすぎている

◇必要保障額とは

「必要保障額」――これは世帯主が死亡したときに最低限、遺族に残したいお金。死亡保障を準備するためには、必要保障額を把握することが前提となります。ここがわからないと、保険に入りすぎて余計な保険料を払ったり、反対に、いざ死亡となったら遺族が生活に困窮することになりかねません。

多くの場合、「手厚い保障を準備したから安心」と思いがちですが、手厚い保障が必要なのは子どもが就職するまで。**必要保障額を知って、保険のコストを少なくする**ことが、家計を営むうえで何よりも大切です。保険を見直して毎月の支払いを抑えることは、家計にとって大きなプラス。保険料の負担が貯蓄に与える影響には計り知れないものがあります。

「貯蓄が大切だ」という理由は、日本は世界に名だたる長寿国だから。死亡するよりも、長生きする確率のほうが高くなります。公的年金だけで生活することはまず無理なのです。

必要保障額を知るためには、現状で、「どのくらいの生活費がかかるのか」を知ることからスタートしてください。

通常、家を購入すると必要保障額が下がります。しかし、住宅関連費はゼロにはなりません。固定資産税などの税金をはじめ、マンションの場合は管理費や修繕積立金もかかります。20年も経てば大きなリフォームも必要。ほかにも教育費、車や家電の購入なども忘れてはいけません。さらに社会保険料の負担もあります。「入ってくるお金」は、妻が働くことなど、さまざまなパターンを検討してみてください。

◎必要保障額を知る

必要なお金
支出の見込額

- 遺族の日常生活費
- 教育費
- 住居関連費
- 車関連費
- 社会保険料
- レジャー・家電購入費
- 子どもの結婚資金
- 予備費
- その他

－

入ってくるお金
収入の見込額

- 遺族年金
- 企業年金
- 死亡退職金
- 貯蓄額
- 配偶者の勤労収入
- その他
（学資保険など）

＝

保険に入るお金
必要保障額

- 生命保険
- 共済など

配偶者死亡後の生活費は、現在の生活費の70％として計算しますが、すべての生活費が70％になるわけではありません。

必要保障額は、最低限生活に必要な金額。この金額以上で保険に加入しましょう

生命保険で準備するお金はいくら？

◇必要保障額を算出する

次に必要保障額、**保険で準備するお金**の計算です。生活費はどのくらい使っていますか。昨年はいかがでしたか？　家計簿をつけていないと、すぐには答えられませんよね。でも、昨年の貯蓄額は通帳を見ればわかります。収入から貯蓄を引いた金額が、使ってしまったお金なのです。

「こんなにたくさん使ったのか」と驚く方も多いと思いますが、明るい未来を考えていきましょう。すぐにわからない場合は、２０２３年６月の家計調査、勤労世帯の支出である平均28万円を目安としてください。

では会社員Aさん（38歳）と妻Bさん（38歳）のケースで見てみましょう。子どもは８歳の長女１人です。夫Aさん死亡後の生活費は現在の70％、長女が大学を卒業したあとの生活費は50％と見込んでいます。

多くの場合、妻は夫の扶養に入っていて社会保険料を払っていません。夫の死亡後には、新たな社会保険料の負担が生じます。

夫の死後に国民年金の保険料の免除を選ぶ人もいますが、免除ということは将来の老齢年金が少なくなるということ。よく考えて選択してください。

支出の見込額である１億２９２８万円に対して、収入の見込み額は１億６３１万円。保険で準備する最低限のお金は約２２９７万円になります。少し余裕を持たせて保険に入りましょう。

ここでは貯蓄が４００万円としました。妻のBさんは年収１５０万円で22年間働くという設定です。ご家庭の状況に応じて考えてみましょう。

◎生命保険で準備するお金はいくら?

Aさんの場合、必要なお金

遺族の日常生活費 長女独立まで	3,528万円	28万円×70%＝19.6万円 19.6万円×12ヵ月×15年＝3,528万円
長女独立以降	5,880万円	28万円×50%＝14万円 平均余命87歳まで 14万円×12ヵ月×35年＝5,880万円
社会保険料	750万円	25万円×22年（60歳－38歳） ＝550万円、60歳以降は200万
教育費	1,020万円	高校まで公立、大学は私立文系自宅から通った場合
住居関連費	850万円	リフォーム費用　500万円 固定資産税等　7万円×50年＝350万円
結婚資金	200万円	
予備費	500万円	
その他	200万円	キャリアアップ等

合計　1億2,928万円

入ってくるお金

遺族年金 長女18歳まで	1,530万円	遺族基礎年金　102万円×10年＝1,020万円 遺族厚生年金　51万円×10年＝510万円 （平均月収30万円として計算）
遺族年金 妻が65歳まで	1,880万円	遺族厚生年金　51万円×17年＝867万円 中高齢寡婦加算　59.6万円×17年 （65歳－48歳）＝1,013万円
妻の老齢年金 遺族年金	2,871万円	79.5万円×22年（87歳－65歳）＝1,749万円 遺族厚生年金　51万円×22年＝1,122万円
死亡退職金	500万円	500万円
弔慰金	150万円	150万円
貯蓄	400万円	400万円
妻の勤労収入	3,300万円	150万円×22年間＝3,300万円
その他	－	－

合計　1億631万円

支出の見込額 **1億2,928万円** － 収入の見込額 **1億631万円** ＝ 保険で準備するお金 **2,297万円**

少し余裕を持たせて！

保険選びの3つの法則

まずは3つのポイントで後悔しない保険選びを

◇どんなとき、いくら、いつまで必要か

ふだん、私たちの生活は、入ってくるお金と出ていくお金は釣り合っています。1ヵ月の収入に合わせて生活費を使い、残ったお金を貯蓄します。

ところが世帯主が死亡すると、収入が減るためにこのバランスが崩れてしまいます。そこを補うのが生命保険の役割です。まずは、自分や家族がどんな場面でお金に困るのかを思い描くことが、保険選びの第一歩となります。生命保険を選ぶためには3つのポイントが大切になります。

「どんなとき」「いくら」「いつまで」お金が必要なのかを考えることから取り組んでみましょう。

1．どんなとき

どんな状況に陥ったときに、自分や家族が困るのかを考えることが保険選びの要（かなめ）。「どんなとき」とは、夫婦の死亡をはじめ、病気やけが、老後の資金、介護などの不安に分けることができます。

2．いくら

家族のために必要となるお金の合計から、入ってくるお金の合計を引いて計算します。一般に「必要保障額」と呼びます。さらに病気やけがをした場合、健康保険制度を活用した上で、どの程度の保障や蓄えがあればよいのかや、老後の資金についても考えてみましょう。

3．いつまで

子どもが成長するまでなどの一定期間の保障が必要なのか、一生涯なのかを検討してください。保険を掛ける期間によって保険料は大きく異なります。

◎家計はどう変化する？

現状

給料 40万円 / 支出 35万円 / 貯蓄5万円

毎月の給料40万円の中から5万円を貯蓄に回し、残りの35万円を支出にあてており、毎月のバランスがとれています

万が一のとき

給料 0円 / 支出 35万円 / 貯蓄5万円

夫が死亡！　給料が途絶えます。家計破綻？ 残された家族はどうすればいいのでしょうか？

保険選びの3つの法則

「どんなとき」必要か？考え方チャート

◇ケースによって保険は異なる

人生における不安の中でも、もっとも影響が大きいのは「世帯主の死亡」です。次は、大きな病気をして働けなくなることでしょうか。家族が世帯主の給料なしに生活するのは厳しいかもしれません。

そんな「どんなとき」を解消する手立てを見つけていきましょう。もちろん、保険に加入すればすべての不安が解消されるわけではありませんが、その不安を軽くすることが保険の役割です。

最初に**誰のために保険へ加入するのか**を考えることからスタートします。自分のためなのか、それとも家族のためなのか。もちろん、明確な区別をすることは難しいものですが、死亡したときに受け取るのか（家族のため）、生きているときに受け取るのか（自分のため）で区別をしてみてください。

自分のためであれば、病気やけがなのか、働けなくなったときなのか、それとも老後の不安なのかによって、加入する保険は異なります。大切なのは、不安を解消する方法を保険だけに頼らないこと。病気やけがのためというのであれば、貯蓄で対処できる場合も多いものです。健康保険や勤め先の福利厚生についても、よく調べておきましょう。

老後資金を保険で貯めるのであれば、生命保険料控除を活用すると税金が安くなるというメリットがありますが、インフレで保険の価値は目減りします。「病気やけがで働けないが、入院はしない」という可能性だってあります。こんな場合は就業不能保険で備えることができます。そして、この「どんなとき」というのは、通常、一生続きません。

◎どんなとき?

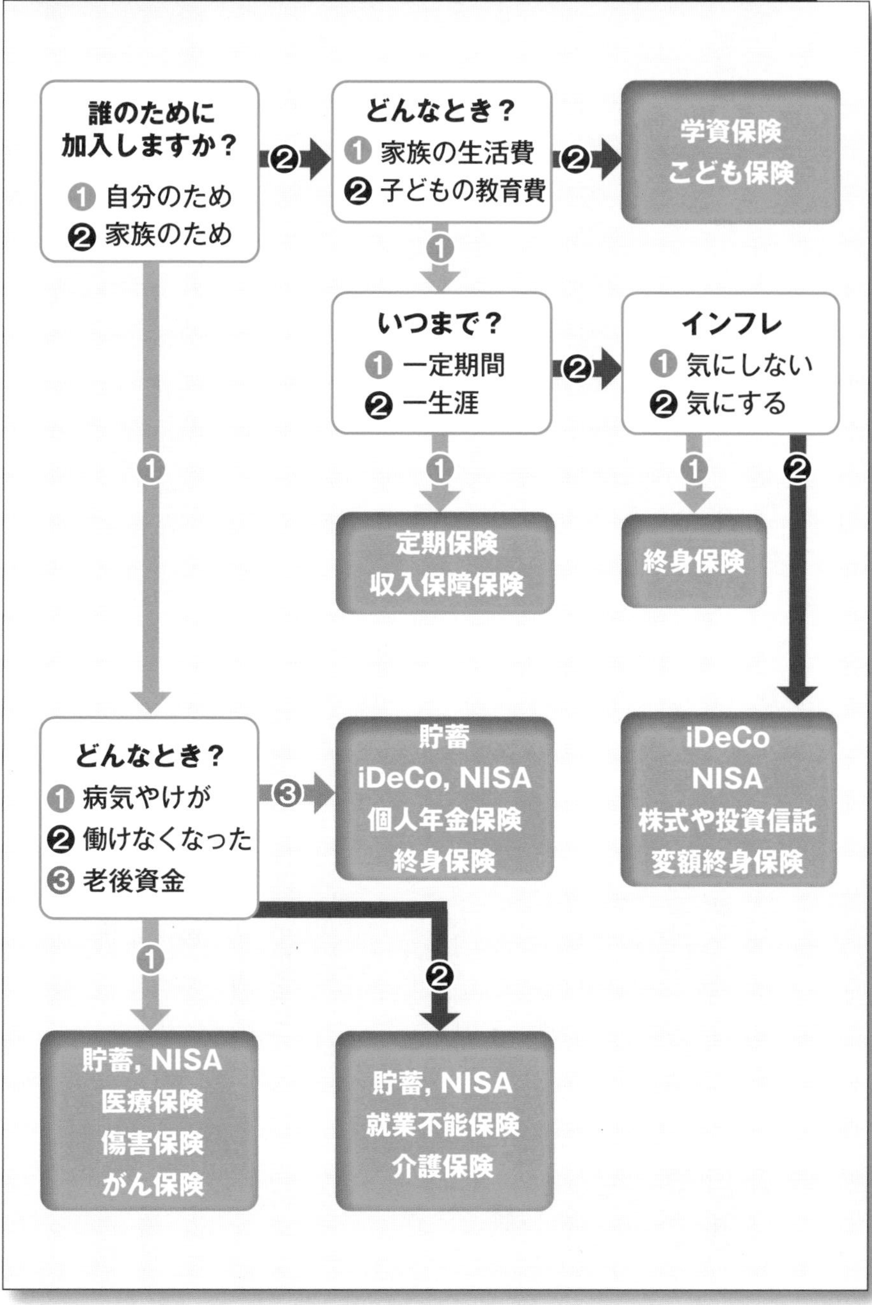

誰のために加入しますか？
❶ 自分のため
❷ 家族のため

❷→ **どんなとき？**
❶ 家族の生活費
❷ 子どもの教育費

❷→ 学資保険 / こども保険

❶→ **いつまで？**
❶ 一定期間
❷ 一生涯

❶→ 定期保険 / 収入保障保険

❷→ **インフレ**
❶ 気にしない
❷ 気にする

❶→ 終身保険

❷→ iDeCo / NISA / 株式や投資信託 / 変額終身保険

❶→ **どんなとき？**
❶ 病気やけが
❷ 働けなくなった
❸ 老後資金

❶→ 貯蓄, NISA / 医療保険 / 傷害保険 / がん保険

❷→ 貯蓄, NISA / 就業不能保険 / 介護保険

❸→ 貯蓄 / iDeCo, NISA / 個人年金保険 / 終身保険

「誰のために」でわかる保険の種類

◇貯蓄と保障は別、保険でフォローするのは？

どんなときに「誰のために入るのか」を把握できたでしょうか？

家族のためであれば、生活費や教育費などに備えるために死亡保障を準備してください。子どもの就職までや定年退職までなどの一定期間の保障なのか、また一生涯の保障がほしいのかも考えてみましょう。

ですが、**死亡保障は期間を区切って加入することが鉄則**。終身保険では保険料が高いので、何千万円もの必要保障額を確保できないからです。

終身保険を選ぶ理由として高い貯蓄性を挙げる人もいますが、貯蓄と保障は別物。とくに金利が低く、インフレの進む現在は、きちんと分けて考えるべきです。

悩ましいのが**医療保障**だと思います。理想は、医療保険には頼らず貯蓄でまかなうこと。会社員や公務員であれば、傷病手当金（48ページ）を受け取れますから、生活費や医療費の負担が軽くなります。

医療保険は保険料の負担が大きい割に給付金はごくわずか。保障額と保険料の負担などをよく考えて検討してください。

最後は老後資金について「どの方法で積み立てるか」を考えます。老後まで何十年もある若い人はインフレの影響を大きく受けるので、**個人年金保険**をおすすめしません。そろそろ老後が見えているのであれば、個人年金保険を利用することもひとつの方法ですが、保険料はびっくりするくらい高くなります。

個人向け国債の変動10年や投資信託で積み立てを行うなど、さまざまな金融商品に分散した貯蓄を心がけてください。「ｉＤｅＣｏ」や「ＮＩＳＡ」を利用するのもおすすめです。

保険選びの3つの法則

「いくら」必要か？考え方チャート

◇少しの余裕が生み出す収入増

「いくら必要」かは、生活費や教育費などの出ていくお金から、遺族年金や死亡退職金などの入ってくるお金を差し引いて求めます。

大きな死亡保障は「子どもが独立するまで」を考えますが、ひょっとすると配偶者が病弱で働けないなど、ご家庭によってさまざまな事情があるはずです。また、必要保障額をきっちり計算して保険に加入するといっても、これでは生活がギリギリ。

特に死亡保険の場合は、**少し余裕を持って加入するべき**だと考えています。そう、年間50万円くらいは余裕をみておきたいものです。

「夫は死なない」と思うと、つい保険料を安くすることを考えがちですが、本当に死亡してしまった場合、ある程度の余裕がないと生活がすさんでしまいかねません。

そもそも夫ひとり分の食費がなくなったといっても、即、生活費が70%に減らないのです。光熱費など、ほとんど変わらない費目も存在しますし、食料品も人数が減ると割高になるものです。

さらに**公的年金は、年々下がっています。反対に社会保険料は高齢化のために年々上がります。物価も上がっています。**そんなことを考えて、我が家の必要保障額プラスアルファで保険に加入することを検討しましょう。

ギリギリの家計では、残された配偶者がスキルアップのためにお金をかけて勉強をしたいと思っても、生活に追われてそんな余裕はないでしょう。これでは結局、安い給料に甘んじることになりかねません。

意外とかかる教育費 ゆとりを持った計画を

◇多めに見積もりたい教育費

まず1番大切なことを優先します。それは世帯主が死亡したときに「いくら」必要なのかです。

必要になるお金は、たとえば次の費用などです。

- **家族の生活費**
- **教育費**
- **その他、子どもの結婚資金など**
- **葬儀費用**

支出するお金と、遺族年金などから入ってくるお金との差額が必要保障額です（28ページ）。いくら必要になるかは、家庭によってかなり違ってきますが、いずれにしても**今の生活と同じレベルの生活を送れる程度**を目安にしましょう。

教育費は進学先によって大きく異なります。高校まで公立、大学は私立に通った場合の目安は、私立文系だと1200万円、理系は1400万円。大学費用だけでも、600万円から900万円もかかるわけです。

これにプラスして、予備校に通ったら年間80万円もかかることをご存知でしょうか。スポーツ系の部活を始めたらさらに費用がかかります。ユニフォーム、遠征費用、合宿費用と、要求されるお金はとどまることを知りません。

また、公務員志望なら、それなりの資格学校に通うため40万円ほど必要になるでしょう。このように教育費はゆとりを持って考える必要があります。

学資保険に加入する場合には、500万円など大きな金額で加入するのは考えものです。貯蓄と併用して準備することが大切です。

たとえデフレでも少子化の影響で学費は上がっていました。保険はインフレに弱い金融商品です。「NISA」を利用した投資信託を使うのもおすすめです。

すべてを保険に頼るのではなく、「いくら」必要なのかを把握していきましょう。

◎いくら?

いくら?
① 死亡したとき
② 入院したとき
③ 老後資金

①	②	③
日常生活費、住宅関連費、教育費など **支出の見込額**	必要なお金 **医療費の見込額**	必要なお金 **生活費の見込額**
−	−	−
入ってくるお金（収入の見込額） 遺族年金 死亡退職金 弔慰金 企業年金 会社の育英年金 など	**入ってくるお金**（収入の見込額） 傷病手当金 高額療養費 健康保険組合の独自給付 医療費控除 会社の福利厚生 など	**入ってくるお金**（収入の見込額） 老齢年金 企業年金 など
＝	＝	＝
保険に加入する金額	**貯蓄で備える** 自営業者や子育て世代など医療保険に加入するケースも	**貯蓄で備える** ・確定拠出年金（iDeCo）NISAなども検討

「いつまで」必要か？考え方チャート

◇「短期間で加入」が鉄則

もしかしたら保険が一生必要だと思っていませんか？　そもそも保険は、不測の事態に備えて加入するのです。たとえば、終身保険は一生涯の保障があり、「お葬式代や老後の資金として活用できる」という理由で加入します。ですが、「歳を取ってからの死亡は、不測の事態ではないので保険には加入しない」というのが正しい保険の考え方でしたね。

さらに終身保険は、保険料が高いので大きな死亡保障を確保するには向きませんでした。

子育て世代であれば、子どもが就職するまでや定年退職までなど、期間を区切って保障してくれる保険に加入するのがベスト。定期保険や収入保障保険なら保険料の負担もそれほど重くはありません。特にタバコを吸わず、血圧などの基準を満たしていると、通常の保険よりも割安になります。なお、勤務先にグループ保険がある場合は、そちらも検討してみてください。

保険は短期間で加入するように心がけることがポイントです。子どもが就職したなど、親としての責任を果たしたら、保険は卒業です。保険から卒業するために、コツコツと準備しなければならないのが貯蓄です。見直しの結果、浮いた保険料を保険に加入しているつもりで、積み立てましょう。

たとえば、自動積立定期預金を活用したり、投資信託や純金積立などさまざまな積立の方法があります。

確定拠出年金（ｉＤｅＣｏ）を活用すると、払い込んだときと売却時との両方で税金が低くなるというメリットがあります。60歳まで引き出せないので、老後の資金を作ることができるでしょう。

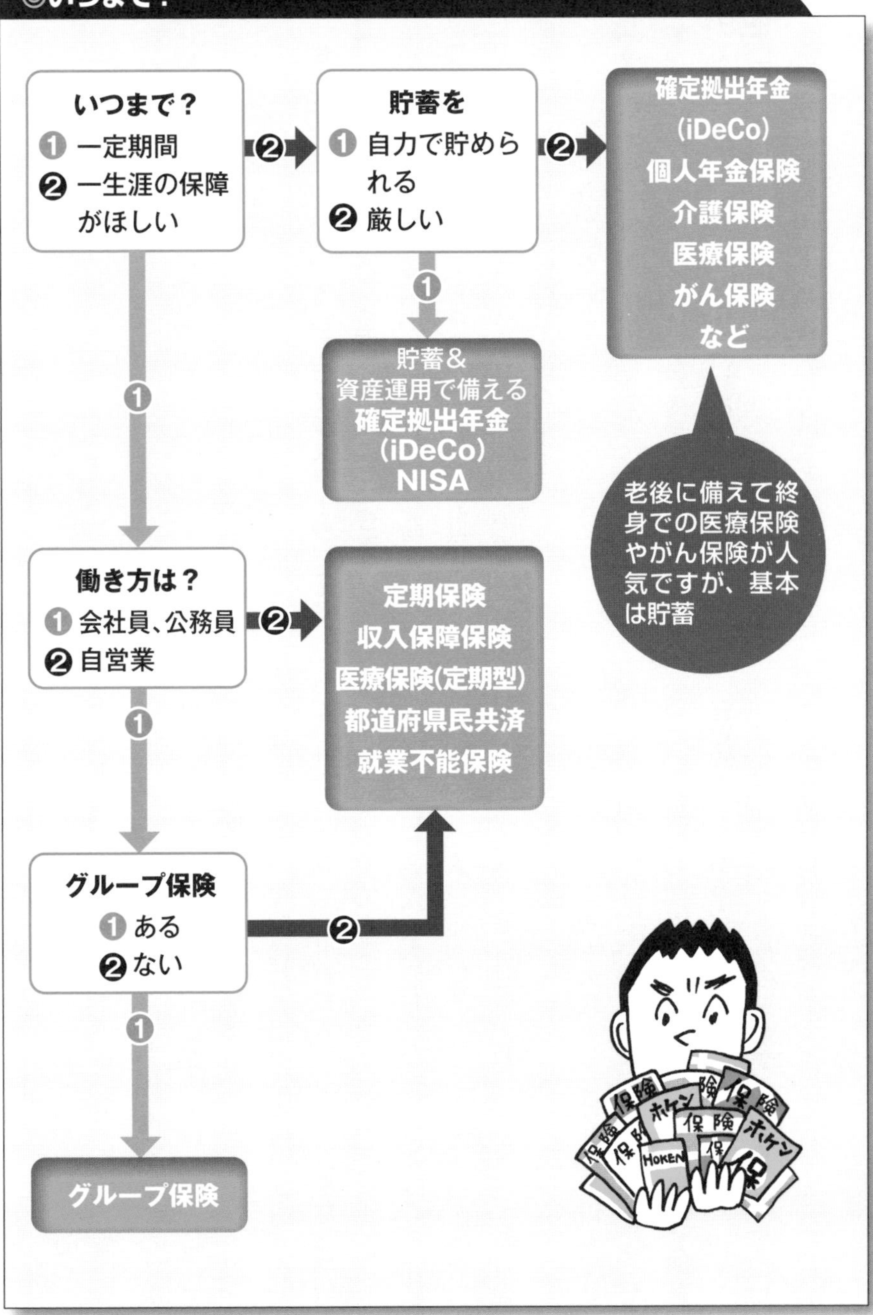

◎いつまで?
いつまで？
❶ 一定期間
❷ 一生涯の保障がほしい
貯蓄を
❶ 自力で貯められる
❷ 厳しい
確定拠出年金
(iDeCo)
個人年金保険
介護保険
医療保険
がん保険
など
貯蓄＆
資産運用で備える
確定拠出年金
(iDeCo)
NISA
老後に備えて終身での医療保険やがん保険が人気ですが、基本は貯蓄
働き方は？
❶ 会社員、公務員
❷ 自営業
定期保険
収入保障保険
医療保険(定期型)
都道府県民共済
就業不能保険
グループ保険
❶ ある
❷ ない
グループ保険

ライフステージで変わる「いつまで」

◇自分のライフステージで保険も変わる

年齢や家族の構成、そしてライフステージに応じて、必要保障額や加入する保険は変わってきます。

独身で扶養している人がいない場合、保険に入る必要はありません。ご心配であれば、都道府県民共済に加入するのも手です。1ヵ月の掛金2000円で、医療と死亡の保障が同時に手に入ります。

また、子どもがいない共働き夫婦の場合には、それほど大きな保障は必要ありません。将来、妊娠していることがわかったり、子どもが誕生したら、子どもが就職をするまでなどを目安に、ある程度大きめな死亡保障を準備しましょう。

定年退職まであとわずか。子どもの手も離れたというのであれば、死亡保障はそろそろ終わりに近づいてきます。この時期になると、病気のことや老後について考えるようになります。老後の不安から、つい医療保険や終身保険、個人年金保険といった商品に加入したくなるかもしれません。

残念ながら、保険は打ち出の小づちではありません。社会保障制度を計算に入れると、**ムダな保険料を抑える**ことができます。あなたが払った保険料は、だれか死亡した人や入院したなど、契約時の条件に当てはまった人のために使われます。老後の医療費は心配ではありますが、通院のほうが、入院する可能性より高いのです。

医療保険はそもそも入院をしなければ1円も支払われません。医療保険の保険料を何百万円も支払ったのに、入院はわずか1週間とか、老衰や事故で即死ということもあるかもしれません。

保険だけでなく老後の資金や、介護といったことまで総合的に検討して貯蓄を心掛けましょう。

Part 2

公的制度は手厚い保障だった

知らないと損！

一生もらえる遺族厚生年金

◇会社員の妻は一生安泰

公的年金は老後に受け取るというイメージがありますが、それだけではありません。被保険者が死亡したときには遺族年金が、そして障害を負ったときには障害年金が支払われます。

年金からいくら受け取れるのかは働き方や給料によって大違い。会社員（公務員）なのか、自営業者なのかによって、もらえる年金は大きく変わってくるのです。

会社員が加入しているのは厚生年金。会社員の夫を亡くした妻は、**一生涯にわたって、遺族厚生年金を受け取ることができます**。さらに、子どもがいる場合は、遺族基礎年金も受け取れますから、意外と手厚い保障であることがわかります。

◇会社員の夫は？　子どもがいなかったら？

遺族厚生年金を受け取れるのは、収入が８５０万円以下の配偶者。一時的に８５０万円を超えても毎年超えなければ大丈夫です。妻の年齢要件はないのですが、**専業主夫である場合は注意が必要**です。妻の死亡時55歳以上であり、受け取りは60歳になってから。もし、夫でも遺族基礎年金を受け取れる（高校生以下の子どもがいる）場合は、遺族厚生年金も受け取ることができます。

また、夫が死亡したとき30歳未満で、子どものいない妻は、5年間しか受け取ることができません。

なお、遺族厚生年金を受け取れるのは、現役の会社員が死亡した場合に限りません。自営業者であっても、25年以上厚生年金の保険料を払っていれば、会

◎遺族厚生年金

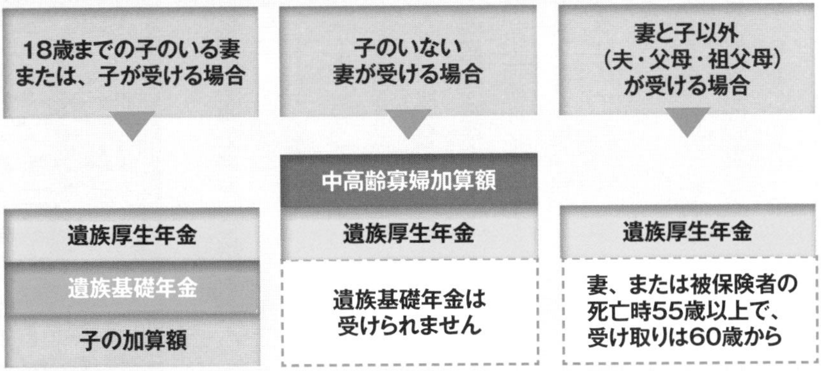

18歳までの子のいる妻または、子が受ける場合	子のいない妻が受ける場合	妻と子以外（夫・父母・祖父母）が受ける場合
遺族厚生年金 遺族基礎年金 子の加算額	中高齢寡婦加算額 遺族厚生年金 遺族基礎年金は受けられません	遺族厚生年金 妻、または被保険者の死亡時55歳以上で、受け取りは60歳から

企業の死亡保障の例

	会社			労働組合	共済会
	死亡退職金	見舞金・弔慰金	遺児育英金		
給付額	500万円	150万円	月額2万5,000円	30万円	20万円

※死亡退職金は現時点で会社を退職したときに受け取れる退職金に少し上乗せされた金額であることが多い。

社員時代に払った分の遺族厚生年金を受け取ることができます。

年金額は、**「ねんきん定期便」**を見ると簡単にわかります。遺族厚生年金は、老齢厚生年金の75％です。老齢基礎年金は、含まれないので気をつけてください。

ただ、若い人が亡くなった場合、年金額は少ないものです。現役の会社員で、厚生年金の加入期間が25年に満たない人は、25年間、保険料を払ったものとして、遺族厚生年金を計算してくれます。

◇まだまだある勤務先の保障

会社員は、死亡退職金や弔慰金、遺児育英年金など、勤務先から受け取れる制度が多く用意されています。これらの保障をひとまとめにすると意外に大きな金額になるでしょう。

詳しくは就業規則や福利厚生ハンドブックなどで確認しておきましょう。

なお、労働災害や通勤災害の場合は労災が適用され、さらに手厚く保障されることになります。

知らないと損！

高卒までの子どもがいるのなら遺族基礎年金

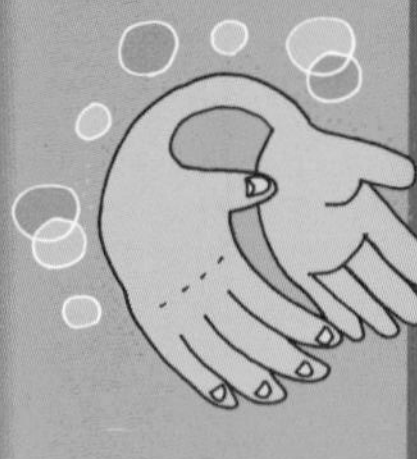

◎高卒までの子どもがいる人、いない人

会社員や公務員は、厚生年金と国民年金の両方に加入しています。夫の死亡時、高校卒業までの子どもがいる場合は、遺族厚生年金に加えて、遺族基礎年金も受け取ることができます。

遺族基礎年金は、子どもの数に応じて増えるしくみ。年金額は子ども1人の場合、102万3700円（2023年度価格）。2人目は22万8700円がプラスされますが、3人目以降は7万6200円となります。

子どもには年齢制限があり、高校卒業の年までなので注意が必要です。大学生の子どもだったり、そもそも子どもがいないという場合は、給付の対象外。ということは、夫が自営業者で子どもがいない場合、遺族年金はゼロというケースも。特に自営業者は多めの保障を準備する必要がありそうです。

とはいえ会社員の妻であっても子どもが高校を卒業すると、約102万円の年金が少なくなるのですから大変です。でもご安心ください。中高齢寡婦加算という制度が、この少なくなった分を補ってくれます。

この制度は、夫の死亡当時、子どものいない40歳以上65歳未満の妻、もしくは子どもが18歳になったときに40歳以上であれば、中高齢寡婦加算が支払われるというもの。2023年度は、59万6300円ですから、かなり助かるのではないでしょうか。

これは妻が65歳になって自分の年金を受け取り始めるまで続きます。自営業の人は、寡婦年金や死亡一時金の対象となるケースもありますが、その金額はごくわずかです。

◎遺族基礎年金のしくみ

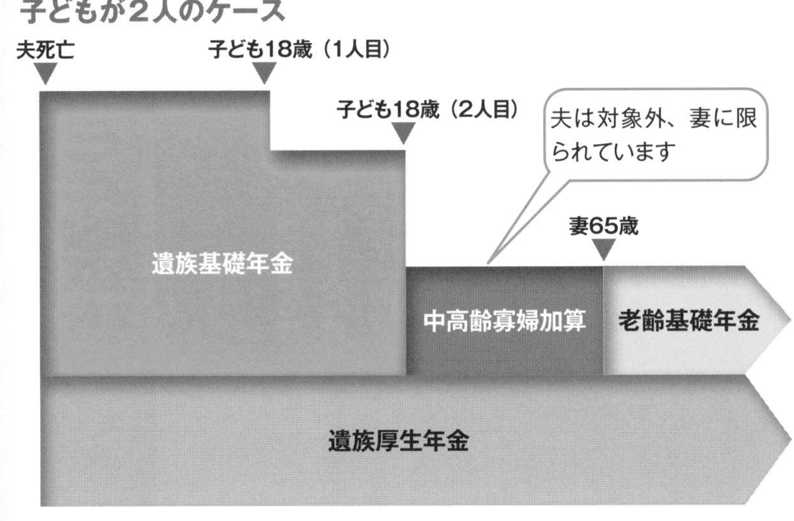

遺族基礎年金（2023年度価格）

	基本額	子の加算	支給年額
子どもが1人（年額）	795,000円	228,700円	1,023,700円
子どもが2人（年額）	795,000円	228,700円×2	1,252,400円
子どもが3人以上（年額）	795,000円	228,700円×2＋76,200円×人数	1,328,600円～

遺族厚生年金＋遺族基礎年金（月額）

平均報酬月額	25万円	30万円	35万円
子どもが1人	約12万円	約12万円	約13万円
子どもが2人	約14万円	約14万円	約15万円
子どもが3人	約14万円	約15万円	約16万円

知らないと損！

障害年金　対象範囲が意外と広い

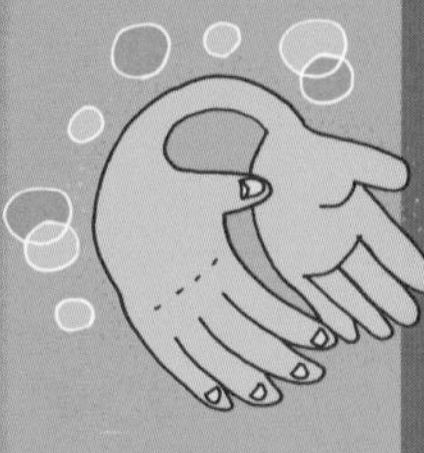

◇がんでももらえる障害年金

障害年金は**病気やけがによる障害のため、日常生活や働くことに支障がある人に給付される公的年金**です。障害年金も国民年金と厚生年金との2階建て。会社員や公務員なら両方の制度から受け取ることができます。

障害年金と聞くと、車いすや目が見えないなど明らかに障害者でないと受け取れないというイメージがありますが、そうではありません。認知症、そううつ病、統合失調症などの精神的な病気や、がん、HIV、肝硬変、肺炎・慢性呼吸不全などの内臓疾患でも対象となることは意外に知られていません。

たとえば、がんの場合でも人工肛門をつけるなど、目に見えることばかりではないのです。抗がん剤の副作用による倦怠感や末梢神経障害（しびれ、痛み）、貧血、体重減少などの場合でも、その原因ががん治療によるもので、仕事に支障をきたすのであれば、給付される可能性があります。国民年金から障害基礎年金を受給できるポイントは3つ。

①**初診日**：初診日において国民年金の被保険者
②**保険料納付**：初診日が属する月の前々月までの直近の1年間に保険料の滞納がないなど
③**障害認定日**：初診日から1年6ヵ月を過ぎた日において、障害等級1級または2級の障害状態にある

障害厚生年金の場合は、3級もあります。いずれにしても、年金は自分で申請しないと受け取ることができません。障害年金の対象となる傷病と要件をご覧ください。ちなみに障害年金は非課税です。

◎障害年金の対象となる主な傷病

部位	主な傷病
眼	ブドウ膜炎、ゆ着性角膜白斑、緑内障、白内障、眼球萎縮、網膜脈絡膜萎縮、網膜色素変性症脳腫瘍
聴　覚	感音性難聴、突発性難聴、神経性難聴、メニエール病、頭部外傷または音響障害による内耳障害、薬物中毒による内耳障害
鼻　腔	外傷性鼻科疾患
そしゃく 嚥下機能 言語機能	咽頭摘出術後遺症、上下顎欠損
肢　体	くも膜下出血、脳梗塞、脳出血、上肢または下肢の離断または切断障害、重症筋無力症、上肢または下肢の外傷性運動障害、脳軟化症、関節リウマチ、変形性股関節症、ビュルガー病、進行性筋ジストロフィー、脊髄損傷、脳卒中、脳脊髄液減少症
精　神	そううつ症、老年及び初老期痴呆、統合失調症、脳動脈硬化症にともなう精神病、てんかん性精神病、頭蓋内感染に伴う精神病、その他の老年性精神病、アルコール精神病、その他詳細不明の精神病
呼吸器疾患	気管支喘息、肺結核、慢性気管支炎、じん肺、膿胸、肺線維症
心疾患	慢性心包炎、冠状動脈硬化症、リウマチ性心包炎、慢性虚血性心疾患、狭心症、僧帽弁閉鎖不全症、大動脈弁狭窄症、心筋梗塞
高血圧	高血圧性腎疾患、悪性高血圧、高血圧性心疾患
腎疾患	ネフローゼ症候群、慢性糸球体腎炎、慢性腎炎、慢性腎不全
肝疾患	肝がん、肝炎、多発性肝膿瘍、肝硬変
糖尿病	糖尿病、糖尿病性と明示されたすべての合併症
その他	悪性新生物など及びその他の疾患

知らないと損！

3日以上の欠勤には傷病手当金も出る

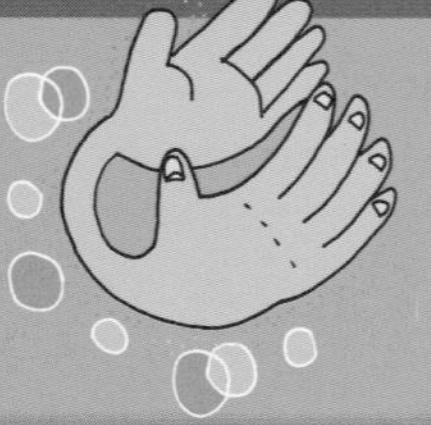

◇まずは連続3日休む

会社員や公務員なら病気やけがで仕事ができないときは、まず有給を使う人が多いかと思います。治療が長引くと収入が途絶えてしまうと思いがちですが、健康保険から**「傷病手当金」**が支払われます。

傷病手当金は入院中だけでなく、自宅療養や会社を辞めたときでも、最高で1年半にわたって支払われます。ただし、傷病手当金より高い給料が支払われたときは、対象外です。

具体的には、**病気やけがで連続3日間仕事を休んだ場合に、4日目から給料の3分の2が支払われます**。この「連続3日間休む」というのがポイント。3日目に上司からどうしても出勤してほしいと頼まれ、出勤したのはいいけれど、また次の日からしばらくダウン。こういった場合は、さらに3日間連続して休まなければ、傷病手当金が支払われません。この3日間は有給や土日祝日を含みます。

このように**お勤めしている人は病気やけがで会社を休んだとしても、収入が途絶えることはしばらくありません。一方、自営業者は仕事をしないと収入はゼロ。病気やけがに対するリスクは、会社員と比べてとても高くなります**。少なくとも6ヵ月間は生活できるだけの貯蓄を用意したいものです。貯蓄がないときはどうしますか？ こういうときにこそ保険を上手に利用するのでしたね。

真っ先に医療保険が頭に浮かびますが、一部の商品を除くと入院にしか対処することができません。自宅療養にも備えたいときは、**「就業不能保険」**や**「所得補償保険」**を検討するのもひとつの方法です。

◎連続3日の考え方

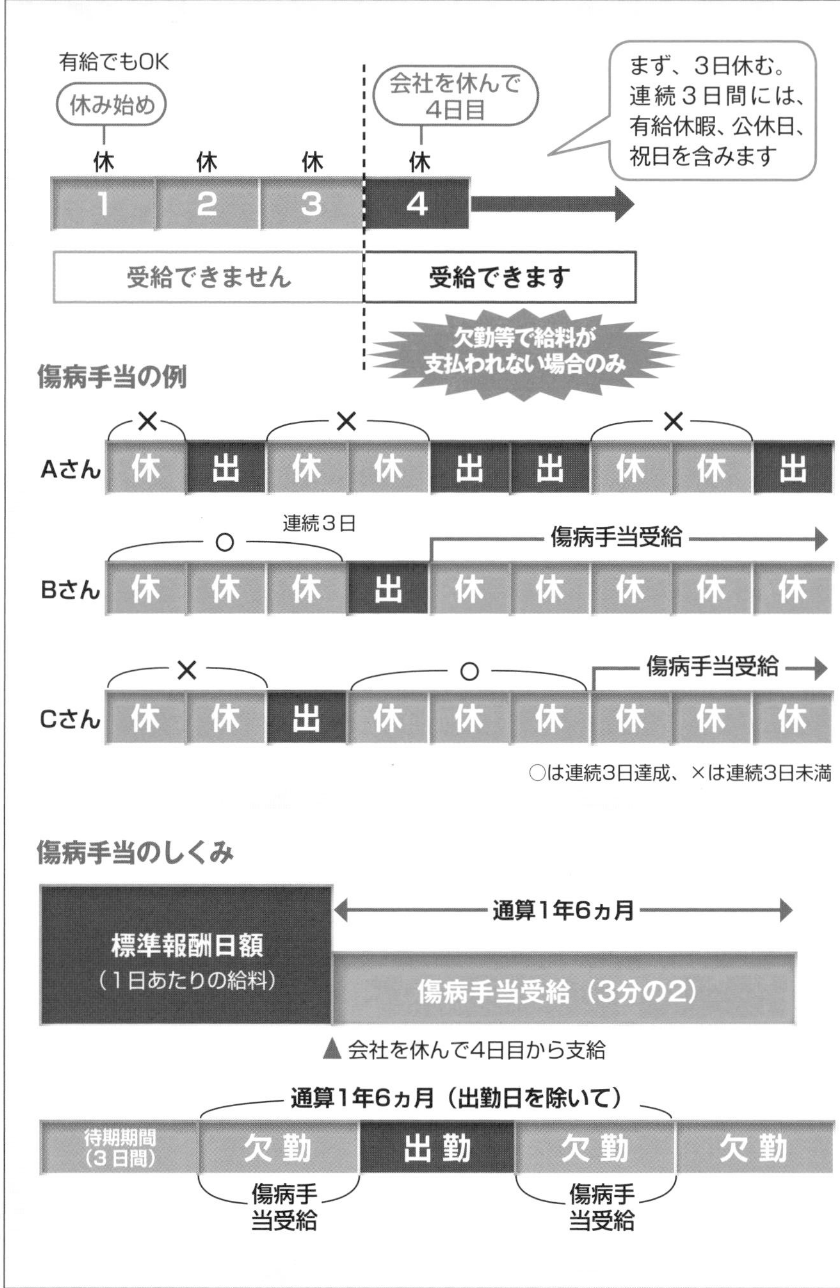

有給でもOK
休み始め
休
休
休
会社を休んで
4日目
休
1
2
3
4
まず、3日休む。
連続３日間には、
有給休暇、公休日、
祝日を含みます
受給できません
受給できます
欠勤等で給料が
支払われない場合のみ
傷病手当の例
Aさん 休 出 休 休 出 出 休 休 出
×
×
×
連続３日
○
傷病手当受給
Bさん 休 休 休 出 休 休 休 休 休
×
○
傷病手当受給
Cさん 休 休 出 休 休 休 休 休 休
○は連続3日達成、×は連続3日未満
傷病手当のしくみ
標準報酬日額
（１日あたりの給料）
通算1年6ヵ月
傷病手当受給（3分の2）
▲ 会社を休んで4日目から支給
通算1年6ヵ月（出勤日を除いて）
待期期間
（３日間）
欠勤
出勤
欠勤
欠勤
傷病手当受給
傷病手当受給

知らないと損！

医療費の上限を定めた高額療養費制度

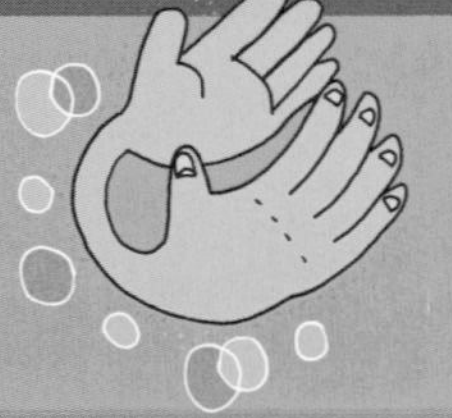

◇一般的な自己負担額は約9万円

健康保険は、医療費や薬代の3割を負担することで治療を受けることができます。

しかし、いくら3割負担といっても、医療費が100万円かかった場合でも3割の30万円を払わなければならないのでしょうか。

それは違います。重い病気やけがを心配するあまり、つい医療保険へ加入したくなりますが、ちょっと待ってください。

高額療養費は、医療費の3割負担をさらに軽くしてくれるもの。病院の窓口で医療費を支払った後、**健康保険へ高額療養費を請求すると、払いすぎた分が戻ります**。この「請求すると」というのがポイント。払いすぎた医療費は自分で手続きする必要があります。

このように3割分が30万円でも、自己負担するのは、わずか8万7430円（左ページ）。

高額療養費の対象となる医療費は入院だけではありません。通院であってもOKですし、同じ健康保険に加入している家族の分が2万1000円以上であれば、合計して請求することも可能なのです。

医療費の支払いは思ったより高額にはなりません。

ただし、高額療養費の計算には期限が設けられているのがネック。**医療費の計算は、1日から末日までの1カ月間**となっているので注意してください。

もし、25日に入院・手術。退院は翌月10日、といった場合には月ごとに高額療養費を計算するので、負担が重くなる可能性があります。入院日を選べるのであれば、同じ月に収まるようにしてもらいましょう。

◎自己負担のしくみ

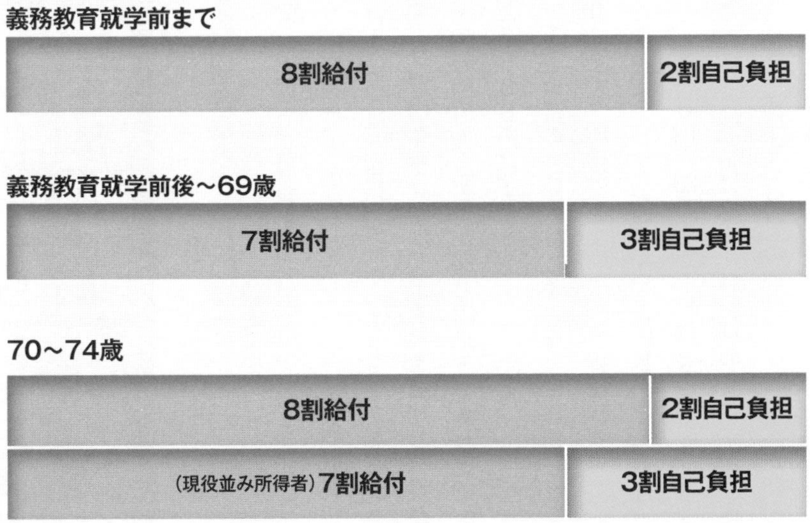

義務教育就学前まで

8割給付 | 2割自己負担

義務教育就学前後～69歳

7割給付 | 3割自己負担

70～74歳

8割給付 | 2割自己負担

（現役並み所得者）7割給付 | 3割自己負担

◎医療費が 100 万円の高額療養費の場合

例：53ページの区分ウのケース

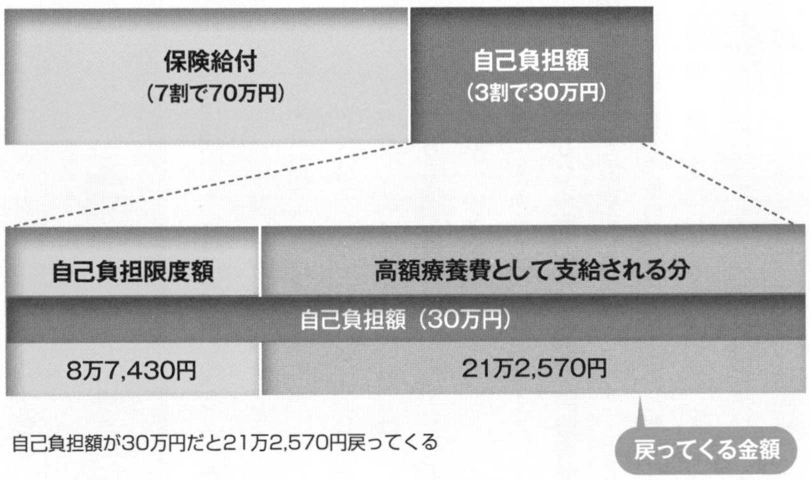

保険給付（7割で70万円） | 自己負担額（3割で30万円）

自己負担限度額	高額療養費として支給される分
自己負担額（30万円）	
8万7,430円	21万2,570円

戻ってくる金額

自己負担額が30万円だと21万2,570円戻ってくる

知らないと損！

所得が低いほど負担が軽くなる高額療養費

◇長期療養ならさらに軽減も

前ページで医療費が30万円かかっても、自己負担は9万円程度と説明しました。実は高額療養費には所得が低いほど負担が軽くなるという配慮があるのです。9万円というのは、1ヵ月当たりの所得が28万円～50万円の人。所得が26万円以下であれば、上限は5万7600円に下がります。

一方、所得の多い人は、多いなりに負担しなくてはなりません。所得の少ない人の負担は軽く、多い人は重くなっています。所得が53万円以上なら自己負担は17万1820円、83万円以上ではさらに重くなります。

このように所得による違いはありますが、健康保険を使って医療を受ける限り、ひと月当たりの上限を超える医療費は払わなくてよいので安心ですね。

さらに、**治療が長引くと負担が軽くなる「多数該当」**という制度があります。1年間（直近12ヵ月）で、4回目に高額療養費に該当した月の負担が下がります。左上の表の所得区分が「ウ」の人が4回目の高額療養費に該当すると、4万4400円以上は払わないですみます。こちらも同じ健康保険に加入している家族分を含めることができます。

ただ、一時的とはいえ何十万円も立て替えるのは大変です。そこで**あらかじめ窓口へ「健康保険限度額適用認定証」を提出しておきましょう**。こうすることで、高額療養費を超える医療費を立て替える必要がありません。高額療養費が支払われるのは、3～4ヵ月後。病院の支払いには間に合いません。医療保険に加入していても実際に給付金を受け取るのは、退院後しばらくしてからになります。

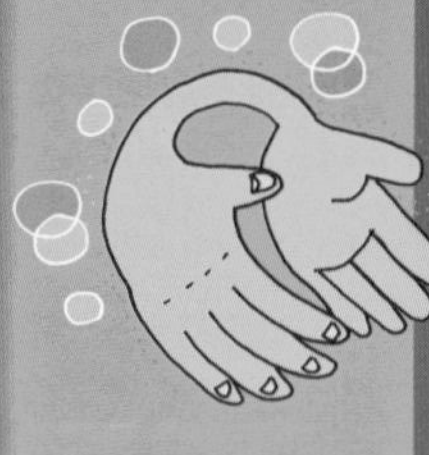

◎高額療養費の上限（69 歳以下）

所得区分	自己負担の上限額	1ヵ月当たりの自己負担限度額	多数該当
区分ア 年収約1,160万円以上 （標準報酬月額83万円以上）	252,600円＋ （医療費－842,000円） ×1%	254,180円	140,100円
区分イ 年収約770万～1,160万円 （標準報酬月額53万～79万円）	167,400円＋ （医療費－558,000円） ×1%	171,820円	93,000円
区分ウ 年収約370万～770万円 （標準報酬月額28万～50万円）	80,100円＋ （医療費－267,000円） ×1%	87,430円	44,400円
区分エ 年収約370万円以下 （標準報酬月額26万円以下）	57,600円	57,600円	44,400円
区分オ 低所得者（住民税非課税）	35,400円	35,400円	24,600円

◎医療費が1ヵ月で 100 万円かかったとき

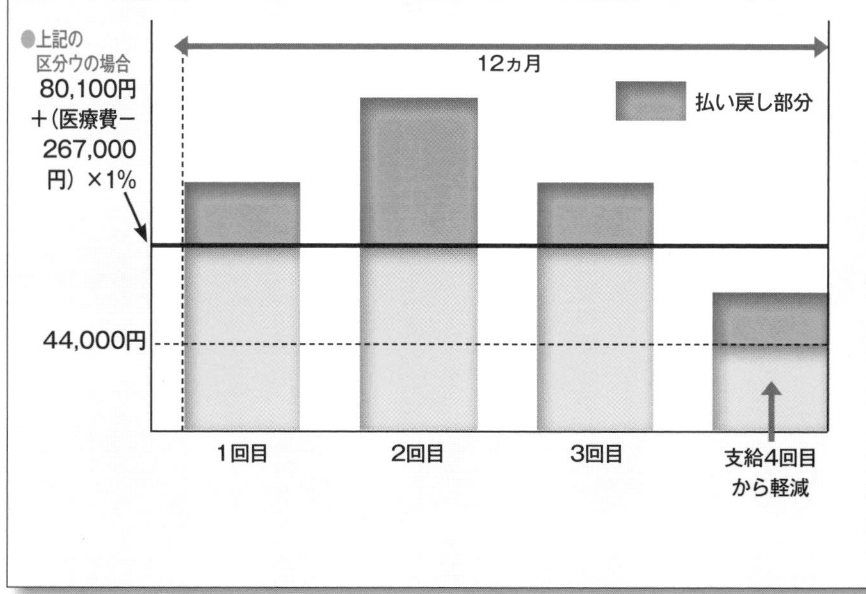

知らないと損！1
家族全員を合算できる医療費控除

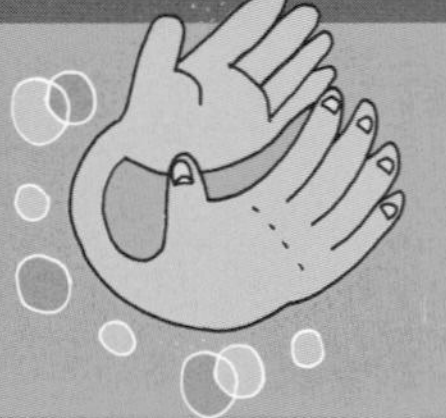

◇税金の負担を軽減

医療費をたくさん払ったときは、**所得税や住民税の負担を軽くしてくれる「医療費控除」**を使いましょう。医療費控除は、会社員や公務員であっても、必ず確定申告を行わなければなりません。

少々面倒と敬遠する人もいらっしゃいますが、国税庁のホームページから申告書を作成することができます。必要な事項を記入すると、もちろん税額は自動計算。あとはプリントして税務署に送れば終了です。ただし、医療費控除の明細を作るのに少々手間がかかるでしょう。

もしかしたら、高額療養費と医療費控除を同じだと考えている人もいるかもしれません。高額療養費は健康保険の自己負担額を軽くしてくれる制度。そして医療費控除は、所得税と住民税を軽くしてくれる制度です。高額療養費の手続きを行っても、医療費控除による税金は払い戻されないので注意が必要です。

医療費控除は、１月１日から12月31日の**１年間に、医療費を10万円以上使ったときが対象**。「医療費がたくさんかかって大変だったでしょう。医療費の一部を所得から引いてあげましょう」という主旨です。

年収５００万円の人の所得税率は10％。住民税の税率も10％なので、医療費控除が８万円の場合、１万６０００円分の税金が安くなる計算です。

このうち、所得税は源泉徴収されているので８０００円が払い戻されますが、住民税は翌年に支払う分が少なくなるだけで、払い戻されるという感覚がありません。これが手間の割にはそれほど税金が戻らないといわれるゆえんなのでしょう。

◎医療費控除の計算

次の計算によって算出された医療費控除額に応じて、税金の一部が還付されます。

1年間に支払った医療費（給付金、保険金等を引く※） － **10万円または所得総額の5%**（いずれか少ないほう） ＝ **医療費控除額**（上限200万円）

※生命保険などから支給される給付金や、健康保険から支給される高額療養費、出産育児金、一部負担還元金、家族療養費付加金等が含まれます。傷病手当金や出産手当金は含まれません。

「確定申告」は、毎年2月16日から3月15日までの1ヵ月間。給与所得者による医療費控除等の還付申告については、1月からOK

確定申告に必要な書類

確定申告書（国税庁ホームページ上で作成可能）／医療機関等の領収書／給与の源泉徴収票／印鑑／還付金受取口座の預金通帳など

医療費控除の対象となる費用の例

- 医療機関に支払った医療費
- 治療のための医薬品の購入費
- 通院費用、往診費用
- 入院時の食事療養・生活療養にかかる費用負担
- 歯科の保険外費用
- 妊娠時から産後までの診察と出産費用
- あんま、指圧、はり、きゅうの施術費
- 義手、義足などの購入費
- 医師の証明がある６ヵ月以上の寝たきりの人のおむつ代　など

◇保険金をもらうと医療費控除は使えない？

入院したけど、「医療費よりも保険から受け取った金額のほうが多かった」という人もいらっしゃるでしょう。ですが、実際の医療費より受け取った保険金の方が多い場合は、医療費控除は使えません。

医療費控除を計算するときのポイントは、支払った医療費から10万円を差し引くことです。さらに医療保険から入院給付金や手術給付金、がん診断給付金などの保険金も差し引く必要があります。

このように保険金を受け取ると医療費控除が使えないこともあるわけです。さらに、受け取った保険金よりも、これまでに払った保険料や、これから払う保険料のほうが高くなることが圧倒的に多くなるでしょう。

セルフメディケーション税制をご存知でしょうか。普通は医療費だけで月に10万円以上かかりません。そこで、かぜ薬など一定の医薬品を1年間に1万2000円以上購入したときに、医療費控除を使うことができる制度があります。

知らないと損！

雑損控除は資産への被害が対象

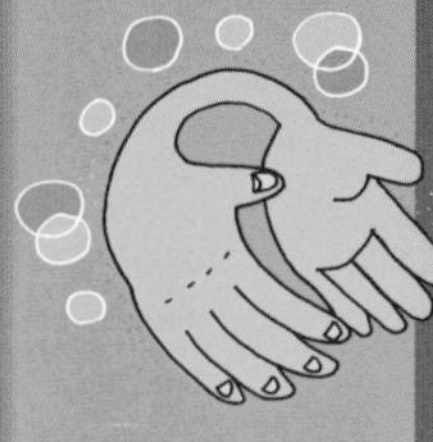

◇災害時にも税金が安くなる

地震や津波をはじめ、集中豪雨に大雪、台風、土砂崩れなどの災害が多発しています。

雑損控除は、災害などに遭ったときの税金を軽くしてくれる制度です。**住宅、家財、衣服、現金、車などについて損害を受けた場合**に、所得控除を受けられます。所得が低くなることで「本来なら払うことが義務づけられている税金を、払わなくてもよい」とするしくみです。残念ながら、もともと払う税金がない、または少ない場合は、雑損控除の恩恵を受けることはできません。

雑損控除は災害、盗難、横領によって、損害を受けた場合が対象。以前から多発している「振り込め詐欺」などの詐欺には雑損控除が適用されないので注意が必要です。

控除できる金額は①と②のうち多い金額です。

①損害金額から保険金を差し引いた金額が、所得の10%を超えるとき

②保険金を差し引いた災害関連の支出が5万円を超えるとき

火事や地震に遭うことは一生を通じてそれほど多くないとは思いますが、盗難やシロアリの被害による修繕や駆除の費用なども対象となります。

さらに雪下ろしの費用や車に当て逃げされた費用なども、控除の対象となりますし、火事に遭った場合の片付けにかかる費用も対象です。

雑損控除のお世話になりたくはないけれど、こんな制度があることを頭の片隅においておきましょう。

◎雑損控除のしくみ

納税者自身が所有、または納税者と生計を共にする配偶者、
その他の親戚で総所得の額が38万円以下の人が所有する

日常生活に欠かせない、住宅／家具／衣類／現金などが、

災害
火災、震災、風水害、雪害、落雷、噴火など

盗難・横領など

上記の原因で被害を受けたとき

所得が低くなります

あなたの所得 － 雑損控除額

◎雑損控除の控除額の計算方法

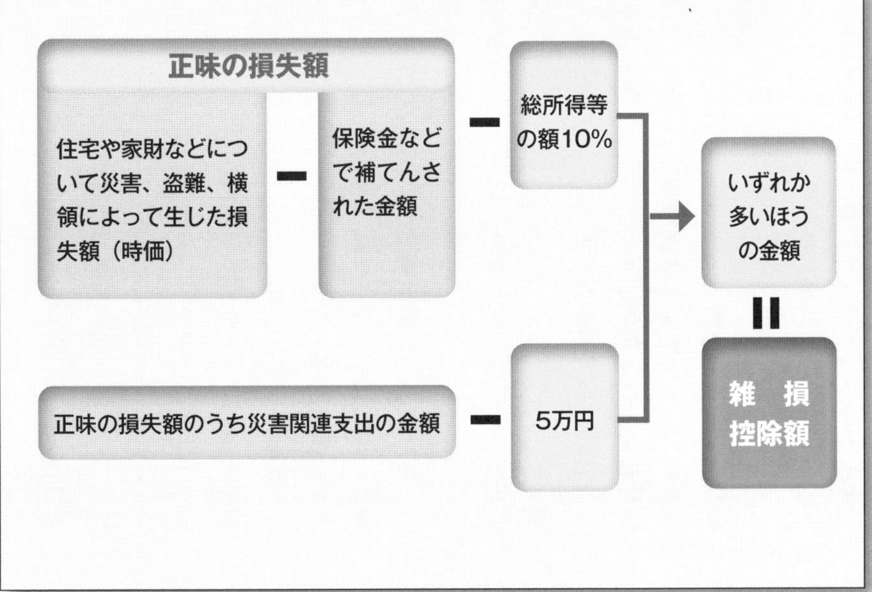

COLUMN

ローンを組むと保険が二重になる？

◆銀行は債務者に保険を掛ける

なぜ住宅ローンを組むと、保険を見直す必要があるのでしょう。それは住宅ローンを組むときに、保険の加入が義務づけられているため、保険が二重になるからです。

金融機関は住宅資金を貸してくれますが、もしかしたら借金をした人が死亡してしまい、取り立てができなくなってしまうかもしれません。

もちろん、住宅ローンを貸す際には抵当権を設定しているので、支払いが滞ったら家を取り上げて売却することができます。しかし、世帯主の死亡時に家まで取り上げるのは、あまりにもむごい気がしますね。

そこで、金融機関は住宅ローンを組んだ人の死亡や高度障害といった不測の事態に備えて保険を掛けるのです。この保険を**団体信用生命保険**と呼んでいます。少々長いので通称**「団信」**といいます。

住宅を購入する前に加入した保険は必要保障額を計算するとき、家賃分を入れています。しかし住宅を購入すると団信に入ります。保険が二重になると申し上げたのは、こういった理由があるのです。

ですが、住宅関係の費用がゼロになるのではありません。家を購入しても、固定資産税や管理費（マンション）など定期的に払うお金があります。さらにリフォーム費用にも貯蓄で備える必要があります。

住宅を購入するということは、ライフプランが変化すること。**ライフプランが変化したときには、保険の見直しを行うことが家計を管理するポイント**です。保障を見直すことで、多すぎる保障分の保険料を払う必要がなくなります。

もしかしたら「死亡しないけど働けない」というリスクが心配か

もしれません。そんなときは、がん団信や就業不能団信への加入を検討するのもひとつの方法です。

◆保険に入らなくてもローンは組める

病気などが原因で保険に入れない方もいらっしゃるでしょう。でも、ご安心ください。住宅金融支援機構と金融機関がタイアップしている「フラット35」という住宅ローンがあります。「フラット35」には、団信への加入が義務づけられていません。普通の金融機関の場合、健康上の問題で団信に加入できない人は、住宅ローンを組むことができませんが、フラット35の場合は住宅ローンを組める可能性があります。

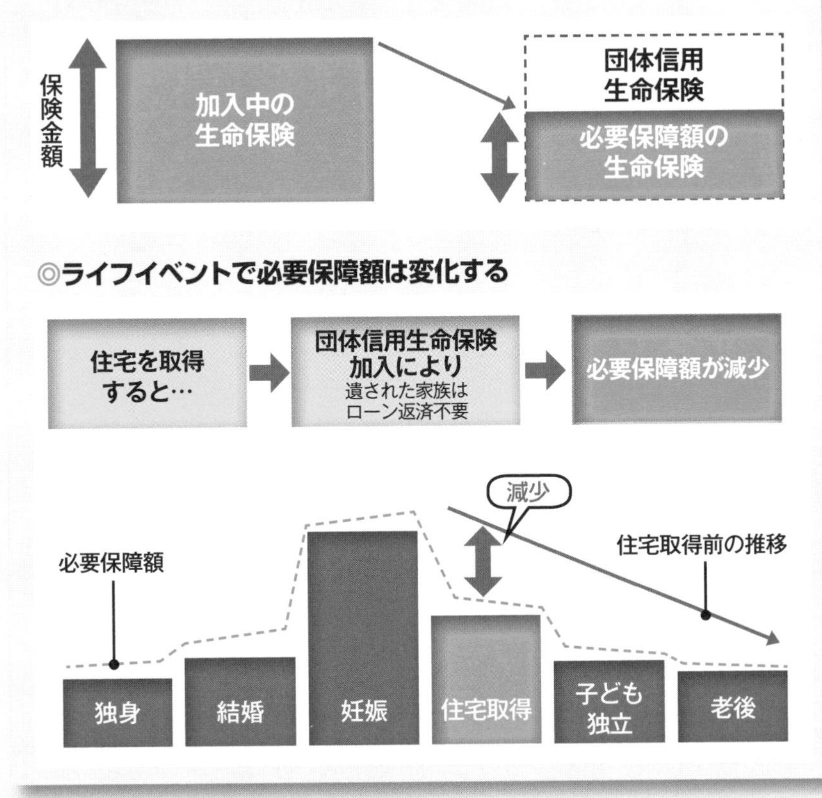

COLUMN

保険料のまとめ払いで節約する

◇年間数万円の差がつくことも

通常、保険料は毎月口座から引き落とされる場合がほとんどですが、まとめて支払うと割引が適用されることをご存知ですか？　半年分や1年分をまとめることが一般的です。

生命保険でも、損害保険でも「まとめ払い」を行うことで節約につながります。保険会社によっても異なりますが、一般的な年払いの場合は、11・5カ月分から11・8カ月分くらいになることが多いようです。

たとえば火災保険を長期契約すると、割引につながります。それほど長期間でなくとも、1年間分をまとめるだけで保険料の負担は軽くなるものです。

なかには、「1度に払うお金がない」という人もいるかもしれません。もしかしたら、保険の入りすぎかもしれませんよ。きちんと見直してみましょう。いずれにしても、毎月払ったつもりで別に貯めておくことが基本だといえるでしょう。

まとめ支払ができるのは保険だけではありません。国民年金の保険料やNHKの受信料など、年払いが可能な商品は数多くあります。

コツは、それぞれの支払時期をずらすこと。もっとも、社会保険料の場合は、好きな時期にまとめて支払えるわけではありません。生命保険や自動車保険の年払いの時期は、ボーナスの時期に合わせたり、工夫をすることが大切です。

ただし、商品によって、年払いができない場合もあります。さらに途中で解約を行った場合、先払い分が戻るかどうかの確認もしたほうがいいでしょう。

まとめ払いにすることで、年間数万円程度の節約が可能になることも。ぜひトライしてください。

Part 3

保険の
基本のき

知っておきたい保険の基礎知識

保険の基本のき

保険は、「みんなで困った人を助ける」というしくみ

◇保険はリスクを保険会社に託すこと

保険のしくみは、「リスクに備えた助け合い」です。私たちは普通に生活しているだけで、たくさんのリスクに囲まれています。事故にあって大けがをするかもしれませんし、小さい子どもを遺して死亡するかもしれません。反対に、相手を傷つけて損害賠償を負う可能性だってあるのです。あるいは、火事になって家が焼けてしまうかもしれません。

このような多くのリスクに、貯蓄だけで対処するには限界があります。資産家であれば何とかなるかもしれませんが、普通の人にはちょっと無理そうです。そこで、一人ひとりがお金を出し合って、お金を貯めておきます。いざ、困ったことに直面した人に対してそのお金を渡してあげる。保険はこのように運営されています。

一人でお金を貯めるのは大変なので、**みんなでお金を出し合って、困った人を助ける**ことが保険の基本。保険に加入して、保険料を払ったからといって自分の財産にはなりません。保険というサービスを購入したわけでも、貯蓄をしているわけでもないのです。あくまでもリスクに備える、これが保険の基本的な考え方。保険料を払うことで保険会社にリスクを引き受けてもらいます。

保険は、**「払ったお金が返ってくる」という制度ではない**ということを肝に銘じましょう。死亡保険に加入した場合でも、誰も死にたくはありません。ところが不本意ながら、死亡してしまったときに備えて、遺族の金銭的な心配を軽くするために加入する。その対価が保険料なのです。

複雑でわかりにくい保険、こう考えると実はシンプル

保険は複雑だと考えがちですが、いたって簡単です。ここでは**「生命保険＝死亡保険」**と考えてみてください。死亡するというリスクに対して、保険金が支払われるわけです。とてもシンプルだと思いませんか？　生命保険は、一家の稼ぎ手の死亡リスクに備えるために加入するものです。

死亡というリスクに対して、保険金が支払われるシンプルな保険へ加入しましょう。また、がんや脳卒中などの重い病気や介護状態になった保障を兼ねた死亡保険も存在しますが、その分、割高になります。

お祝い金つきの保険もあります。しかし、お祝い金は、保険会社からのプレゼントではありません。その分の保険料を負担しているのは、私たちなのです。「シンプル・イズ・ベスト」だと考えて掛け捨てで安い保険を選びましょう。

◇生命保険の基本は死亡保険

世の中にはさまざまなリスクがあり、実に多くの保険商品が販売されています。私たち日本人は比較的、慎重な面を多く持っているといえるのではないでしょうか。その日暮らしをするのではなく、将来やリスクに対してあれこれ考えます。

反面、「あれも心配、これも心配」と、たくさんの保険に入りがち。非常時に備えることは大切ではありますが、これではお金がいくらあっても足りません。消費税などの税金や社会保険料が上がっています。円安や原油価格の急上昇などの影響を受けてインフレが進みました。家計の負担が重くなっているのにもかかわらず、給料はそれほど上がっていないのが現状です。大切なお金を保険に費すわけにはいきません。

COLUMN

お祝い金をもらって「得」したと思っていませんか

◆お祝い金の分、保険料が高い

健康祝い金やボーナス、生存給付金が医療保険や定期保険、または終身保険にセットされている商品があります。「お祝い金」や「おたのしみ型」というネーミングだと、プレゼントのようで得した気持ちになりますが、実は、自力で積み立てたお金が返ってくるだけ。お得というわけではありません。

しかしながら、掛捨て保険は損だと考える人や、自力で貯蓄をできない人に根強い人気があるのも事実です。バブルの時代であれば、保険会社の運用利率が高かったので、ずいぶん増えたのですが、それは遠い過去のお話です。

メットライフ生命の「マイ フレキシィ」を使って、普通の医療保険と生存給付金付の医療保険を比べてみましょう（左ページ）。

40歳女性が、入院1日から10日までは短期入院一時金5万円。11日目から1日あたり5000円のプランに加入した場合の保険料は2239円です。これを生存祝い金を3年ごとに5万円支払われるコースにすると、保険料は1115円アップします。3年間支払うと、

▼1115円×12ヵ月×3年＝4万140円

お祝い金から保険料を引くと、

▼5万－4万140円＝9860円

3年間1115円を積み立てて、9860円多くもらえるのは、お得に見えるかもしれません。

ですが、入院したら1円ももらえませんし、自由に引き出すことすらできません。入院すると祝い金をもらえないということは、毎月の保険料が1115円高くなってしまうので損ですよね。

保険と貯蓄は切り離して考えたほうがいいでしょう。

◎生命保険でお祝い金が出る場合、出ない場合の比較

例：「マイ フレキシィ」

生存祝い金あり （健康サポート特則は、元気でいれば3年ごとに5万円）	生存祝い金なし
女性　40歳	女性　40歳
短期入院一時金型（5万円）	短期入院一時金型（5万円）
入院日額5,000円（11日目から）	入院日額5,000円（11日目から）
月額保険料3,354円	月額保険料2,239円

《保険料の差額（月額）》
月額保険料3,354円－月額保険料2,239円＝1,115円

3年間の差額は、
1,115円×12ヵ月×3年＝4万140円

祝い金が5万円なので、5万円－4万140円＝9,860円

預金より生存祝い金のほうが増えますが、入院した場合は、没収です！　途中で引き出すこともできません。

試算：2023年9月

保険の基本のき

どちらを選ぶ？「掛捨て型」VS「貯蓄型」

◇貯蓄型にも掛捨て部分が存在する

「保険は貯蓄と同じではない」と説明しましたが、保険の中には、「貯蓄型」と呼ばれる商品もあります。**掛捨て型保険**と**貯蓄型保険の違いについて説明**しましょう。

掛捨て型は、契約時に定めた要件に当てはまったときのみ保険金を払います。この掛捨て型にプラスして、多くの保険料を払い込むことで貯蓄機能を加えた保険、それが貯蓄型になります。

終身保険や養老保険、さらに学資保険などが代表的な貯蓄型の保険です。

掛捨て型というと、損をするイメージが強いのか貯蓄型の保険が好まれる傾向にあるようです。

ところが、貯蓄型保険だからといって、保険料のすべてが積み立てられるわけではありません。保険料は積立部分と掛捨て部分に分かれているのです。

◇貯蓄型の保険をすすめない理由

まず、保険会社は、掛捨て部分の保険料を決めます。その上で貯蓄部分の保険料を決めます。そう、掛捨て保険プラス積立が貯蓄型の保険の真相です。貯蓄型の保険にも掛捨て部分の保険料が必ず含まれています。

このように考えると**貯蓄型の保険は、必ずしも有利な貯蓄ではありません。**

また、保険会社は預かった保険料をただ寝かせているだけではありません。貸し付けを行ったり、運用を行っています。その運用でもうかった分、単純に積み立てるよりも多く保険金をもらえるケースもあります。ところが、今は金利が低いため、そしてインフ

◎保険料の内訳イメージ

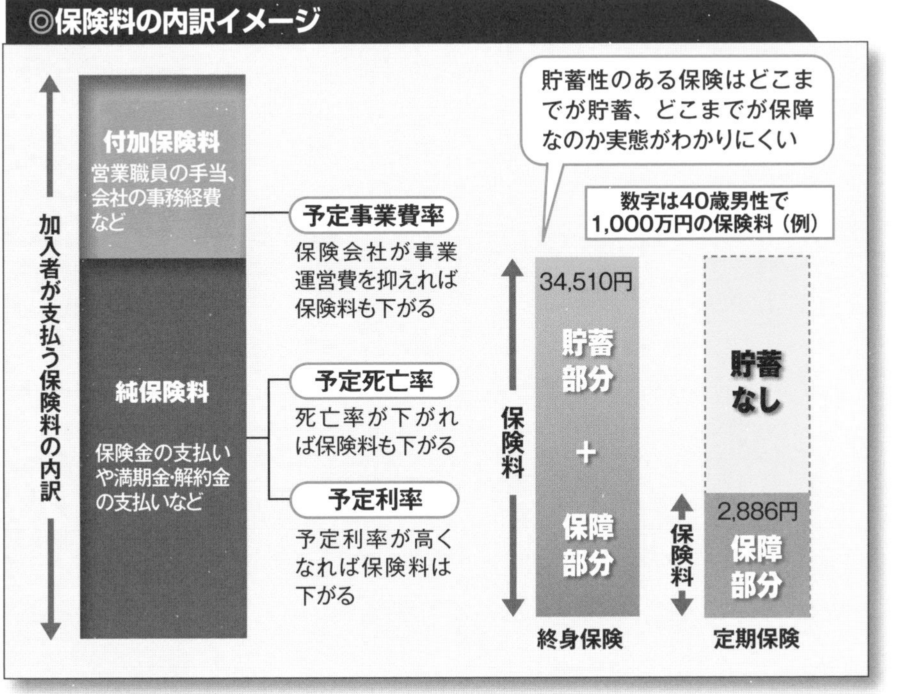

レが進んでいるため、貯蓄型の商品は有利にはなりません。

さらに保険会社は、会社を維持するための経費や儲けも保険料に上乗せしています。保険料は、**付加保険料**と**純保険料**に分けることができます。

このうちの**付加保険料が会社の維持費や儲け**に当たります。一方、**純保険料は死亡保険金などを支払うための保険料**になります。純保険料は、どの保険会社でも同じ。なぜなら、日本人の死亡率は同じだからです。保険会社によって保険料が異なるのは、付加保険料が異なるから。

付加保険料をたくさん払うくらいなら、**保険は掛捨てをメインにして、貯蓄は自力で行う**というのがよいことに気がつくでしょう。

貯蓄が苦手だったり、資産運用も含めて保険会社に面倒を見てもらいたい人は、保険で積立を行うというのもひとつの方法ではありますが、割高感を否めません。どのくらい割高なのか次のページで検証してみましょう。

保険の基本のき

掛捨て保険のほうが本当は得する？

◇10年間で34万円も得をする

そもそも「保険で得をする」というのは、遠い昔のお話。バブルの頃の保険は、予定利率が6％もあったのです。

予定利率とは、保険会社が保険料を割り引いてくれる率をいいます。予定利率が高いほど、割引が多くなるので、保険料が安くなります。

当時は養老保険に加入して、保険料100万円を一時払いにすると、10年後には180万円になって返ってきたという夢のような時代でした。掛捨て保険が損だと主張するのは、この時代に保険に入った世代に違いありません。もっともその時代の定期預金の利息は6％でしたから、保険だけがお得だったわけではありませんよ。

養老保険は、保険期間が終了すると満期保険金を受け取れる商品です。

一方、掛捨て型の保険は契約期間中に死亡しなければ保険金をもらえません。そのため、掛捨て型の保険は、**貯蓄性がないからこそ割安に加入する**ことができます。

30歳の男性が500万円の養老保険と定期保険に加入したケースと比べてみましょう。養老保険の保険料の合計は540万6000円です。この保険の満期保険金500万円を差し引いた掛け捨て部分は40万6000円にも達します。

一方、定期保険は6万9600円で同じ500万円の死亡保障を得られるのです。その差額はなんと**34万円。貯蓄型の保険が掛捨て型の保険と比べてどんなに損なのか、おわかりいただけましたね。**

◎定期保険と養老保険を比較すると……

定期保険	養老保険
月額580円で 500万円の保障	月額4万5,050円で 500万円の保障

10年で34万円*のお得！

メットライフ生命 （スーパー割引定期） 非喫煙優良体	かんぽ生命 （養老保険）
定期保険 500万円（30歳男性） 月額580円×12ヵ月×10年＝ 6万9,600円 **掛捨て部分の保険料： 6万9,600円** 満期保険金：0円	**養老保険** 500万円（30歳男性） 月額46,040円×12ヵ月×10年＝ 540万6,000円 **掛捨て部分の保険料： 40万6,000円** 満期保険金：500万円

＊40万6,000円-6万9,600円≒34万円

養老保険のしくみ……満期になると満期保険金が受け取れる

保険の基本のき

保険の3つのカタチ

◎基本のタイプを知ろう

保険という商品が複雑に思えるのは、さまざまな保障を組み合わせたり、多くの特約がついているからです。保険を選ぶときは、シンプルに考えるのでしたね。保険の基本は3つのカタチに分けて考えると、とても簡単です。

3つのカタチとは、「定期保険」「収入保障保険」「終身保険」を指します。すべて死亡保険ではありますが、保障される期間や受け取り方が異なっています。

掛捨型の代表的な商品が「定期保険」です。掛捨型というと、何となく損した気持ちになってしまうのではないでしょうか。前のページでご覧いただいたように、掛捨型は貯蓄型より何十万円もお得に死亡保障を得ることができるのです。ここからは、「掛捨型」ではなく、**「期間限定保障型」**と呼ぶことにしましょう。

「定期保険」は死亡保険の基本。10年や20年など期間を定めて保障する保険です。保険期間を決めることで、保険料が割安に設定されています。子育ての時期など、高額な保障が必要になりがちな期間に定期保険を活用すると、**安い保険料で保険に加入することができる**でしょう。

さらに保険料を節約したいなら、**「収入保障保険」**が適しています。収入保障保険も定期保険の一種ですが、保険金の受け取り方が違います。定期保険が一括で保険金を受け取るのに対して、こちらは保険期間の終了まで、毎月保険金を受け取ります。

「終身保険」は、「必ず」保険金を受け取れる分、保険料は他の2つと比べてかなり高くなります。

◎3つの死亡保険

定期保険

- 一定期間における死亡・高度障害状態の場合に、一括して保険金を受け取れる。
- 保険期間の当初から満期まで保険金は同額となっている。

保険金は同額

満期

収入保障保険

- 一定期間における死亡・高度障害状態などの場合、毎月保険金を受け取る。
- 早期に死亡した場合、多くの保険金を受け取れる反面、満期間際の保険金は少なくなる。

保険金は時間とともに減少

満期

終身保険

- 一生涯を保障。死亡·高度障害状態の場合、必ず保険金を受け取れる。
- 保険というよりも、貯蓄だと考えたほうがよい。
- 保険料が高いため、大きな保障を得るには役不足。
- 老後の資金として加入したり、相続対策に活用することも。

保障は一生涯

終身

定期保険――タバコをやめるとさらに割引が

◇リスクに応じた保険料と採用

安い保険料で大きな**死亡保障を得るなら、定期保険**を選ぶのが賢い方法です。定期保険は10年間や60歳までといった一定の期間のみを保障します。

定められた期間内に死亡、または高度障害状態に該当すると保険金が支払われます。定期保険には、解約した場合に戻ってくるお金はありませんが、保険料が安いことが特徴です。解約したときに戻されるお金を**「解約返戻金」**と呼びます。基本的に定期保険や収入保障保険は、**「無解約返戻金型」**です。

定期保険で保障される期間には、10年間などの「年満了タイプ」、そして60歳までなどの「歳満了タイプ」があります（111ページ）。

もともと保険料が割安な定期保険ですが、一部の保険会社では、喫煙の有無や健康状態によって保険料を割引することが多くなってきました。

タバコを吸わず、さらに体重や血圧が一定の範囲内におさまっている人の保険料を安く設定しています。反対に、タバコを吸っている人などの保険料は高くすることで、バランスをとっています。その人のリスクに応じた保険料を払うしくみです。

たとえば、**メットライフ生命の「スーパー割引定期保険」**は性別や年齢によって異なるものの、35歳男性の**非喫煙優良体であれば、標準的な人よりも保険料が半額以下になる**わけです。

とはいえ、慌てて禁煙を行ったとしてもすでに遅く、禁煙してから1年や2年など一定期間たたないと対象外なので注意が必要です。なおSBI生命のように喫煙の有無を問わず安い保険もあります。

◎健康状態や喫煙の有無で割引がある保険

メットライフ生命　スーパー割引定期保険の例

保険金額1,000万円、35歳、男性、保険期間20年の場合のクラス別保険料比較

割引率は年齢・性別・適用されるクラス（保険料率）など、契約内容により異なる。

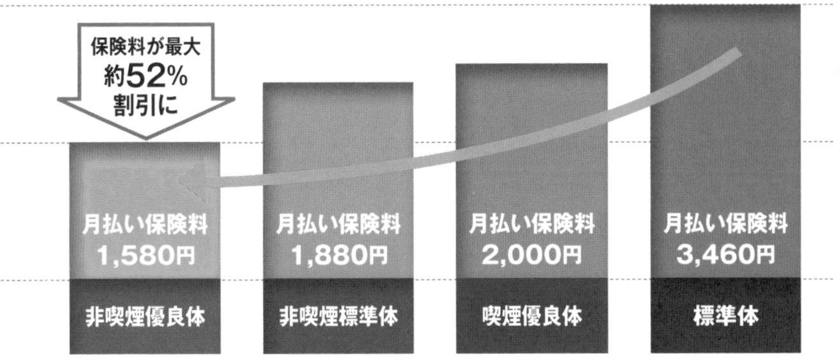

ネット生保の場合

基本的にわかりやすい内容にしているため、喫煙の有無や健康状態による区分を設けていない会社がほとんどですが、非喫煙優良体なみの安い保険料で加入できる。

（例）SBI生命、メディケア生命、ライフネット生命など。

収入保障保険――子育て世代にピッタリ

早く死亡した場合は、長い期間にわたって保険金を受け取れますが、時が経つにつれ受け取れる期間が少なくなっていきます。

死亡する確率が高まる年齢になると、保険金が少なくなるので、安い保険料が実現できるしくみです。

なお、満期の間際(まぎわ)に死亡した場合、多くの保険会社では、1年、2年、5年など保険金を払う期間を保証しています。

子育て世代などの死亡に備えるためには、理にかなった保険だといえるでしょう。

子どもはいずれ大きくなり、教育費も徐々にかからなくなってきます。定期保険であれば、保障額は同額のままですが、収入保障保険は自動的に少なくなっていくしくみ。定期的に見直さなくとも大丈夫。そんなメリットが収入保障保険にはあるのです。

◇保険を見直す手間が省ける

定期保険よりリーズナブルに死亡保障を準備したいなら、**収入保障保険**を選んでください。収入保障保険も定期保険の仲間なのですが、保険金の受け取り方法が異なります。

定期保険の保険金は一括して受け取りますが、収入保障保険は○○万円を契約した期間まで受け取るという分割払い。収入のように毎月受け取るタイプが多くなっています。

たとえば、30歳の男性が月額15万円の収入保障保険へ30年間加入したとしましょう。加入当初の保険金は5400万円。翌月の死亡保障は15万円少ない5385万円です。このように死亡する時期が遅くなればなるほど、受け取れる保険金が少なくなります。

◎収入保障保険のしくみ

毎月15万円受け取れる収入保障保険に30年間加入した場合

- **加入した月に死亡**／15万円×12ヵ月×30年＝5,400万円
- **加入した翌月に死亡**／15万円×11ヵ月＋15万円×12ヵ月×29年
  ＝5,385万円
- **10年後に死亡**／15万円×12ヵ月×20年＝3,600万円
- **25年後に死亡**／15万円×12ヵ月×5年＝900万円

【定期保険と収入保障保険の違い】

▼定期保険

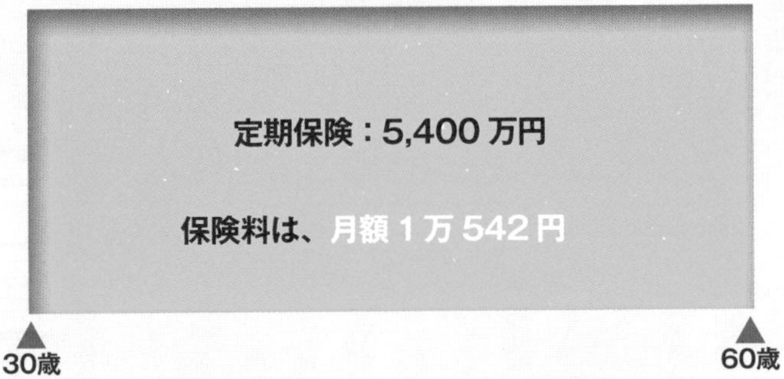

定期保険：5,400万円
保険料は、月額1万542円
30歳
60歳

▼収入保障保険

収入保障保険
5,400万円
15万円／12ヵ月×30年
保険料は、月額2,420円
30歳
60歳

「定期保険」5,400万円の保険料は月額1万542円。同じ保険会社の「収入保障保険」15万円×12ヵ月×20年＝5,400万円の保険料は、月額2,420円と4分の1ほど。保証期間は5年で試算（非喫煙優良体）。

終身保険——必ずしも有利な貯蓄ではない

◇超長期の固定金利の危険なワナ

終身保険は、必ず保険金を受け取れる保険です。お葬式代や死亡後の整理資金として活用することができます。また、終身保険の貯蓄性を利用して、老後に年金として受け取ったり、介護保障に変更するなど、自由に受け取り方を変更することも可能です。

ですが、**終身保険を貯蓄と同じだと思ってはいけません**。なぜなら、掛捨て部分が存在するからです。さらに解約した場合、払った保険料が返ってくるわけでも利息がつくわけではありません。解約返戻金はそれほど多くないというのが正直なところです。

保険料の払い込み方法は2通り。**「有期払い」**といって60歳など一定の年齢までに払い終えてしまうタイプと**「終身払い」**があります。終身払いだと、長生きすればするほど、保険料は高くなってしまいます。保険金より払い込むお金のほうが高くなることも珍しくありません。

注意しなければならないのは、**終身保険は長期固定金利なので、現在の金利が何十年も続くことに**。とくにインフレが進む現在、若い人が将来の資産を貯めるには向いていません。**今の低い金利では、終身保険で資産運用を行ってもちっとも増えませんし、かえってお金の価値が目減りしてしまいます**。

さらに保険で貯蓄をする場合には、掛け捨て部分というコストが発生しましたね。

相続対策に活用するなど、特定の目的で加入するのであれば、有効な保険だと思いますが、**遠い将来のお金を今のお金の価値と金利で固定するのは損に**つながるでしょう。

◎いまどきの終身保険の種類

低解約返戻金型の終身保険

保険料の払込期間中は、解約返戻金を通常の終身保険より低く抑えることで、安い保険料を設定した商品。

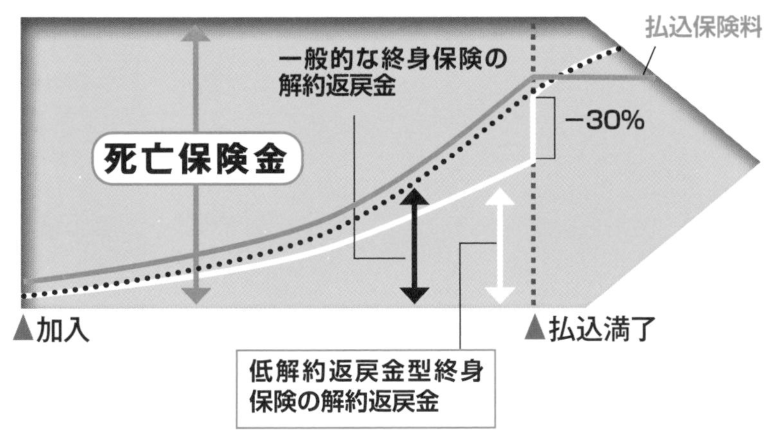

低解約返戻金型とは

低解約返戻金型の終身保険は、保険料の払込み中の解約返戻金額を低解約返戻金型でない終身保険よりも30%ほど低くすることで、保険料が低く抑えられています。

保険料の払い終わると、解約返戻金は通常の低解約返戻金型でない終身保険の同じ金額まで上昇しますが、途中で解約すると、確実に損をします。

低解約返戻金型でない終身保険の解約返戻金でも、払い込んだ保険料よりも低くなります。

とくに、低解約返戻金型の場合には、解約による損失はさらに大きくなるでしょう。

保険で貯蓄することは、不利につながります。

保険の基本のき

外貨建て保険のこわい罠

◇外貨建て保険に入ると大損する

資産運用の相談に行った銀行で、こう言われました。「お客様は資産が毎日変動して、一喜一憂する商品と、資産が着実に積み上がっていく商品とではどちらがお好みですか？」

この質問は、「投資信託と外貨建ての保険のどちらがいいですか？」と聞いています。というより、外貨建て保険に誘導しているのがわかりますか？

外貨建て保険を販売すると、投資信託よりも銀行は儲かるのです。保険商品は、保険会社が作って、銀行に販売してもらう。ということは、保険会社と銀行の両方の手数料や儲けが必要になります。

40歳の男性が払った金額の「1.2倍に増える」と説明され、米ドル建て一時払い終身保険に加入した例でお話しましょう。この商品は、為替の変化を考えないと、100万円払って保険金は120万円に増えます。

ある保険会社のHPを見ると、たしかに、予定利率が4.57%って書いてあります。でも、気をつけてください。予定利率は、金利ではありません。

将来の金利にもよりますが、この男性が40年後の80歳で死亡しても、保険金は120万からほとんど増えないのです。

◇400万円が搾取される理由

では、100万円を保険で運用するのではなく、アメリカの国債で運用することを考えてみます。2023年9月1日の30年米国債の利回りは、4.29%。この利回りで40年分を運用すると、100万円

◎

100万円は毎年4.29%増える →4.29%を40回掛ける＝40乗する
100万円×（1+0.0429）^{40}＝536万円
電卓で40乗を簡単に計算する方法
カシオ以外：1.0429⊠100万円＝＝＝＝……（イコールを40回押す）
カシオ：1.0429⊠⊠100万円＝＝＝＝……（イコールを40回押す）

解約返戻金
100万円
一時払保険料
入金用為替レート
120万円
基本保険金額
死亡保険金

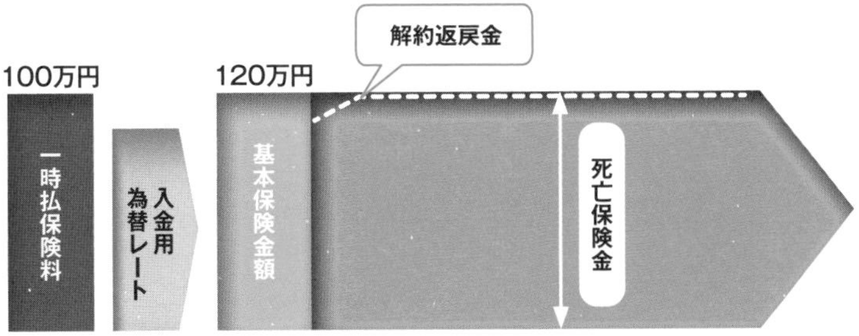

保険で運用したら120万円にしかならないが、
100万円を米国債で運用したら40年後には536万円になる

は、驚きの536万円になります。1・2倍になるどころか、5・36倍！ 具体的には100万円が毎年4・29%増えていくのです。100万円に1・0429を40回掛けてください。

外貨建て保険にお金を預けるということは、400万円分の利益を搾取されることになります。手数料がかかるのはわかりますが、これでは文字どおり搾取です。

肝に銘じてください。金融知識の疎い人から、お金を取り上げる構造があるのです。

外貨建て保険は、為替の変動に応じて受取額が変化する商品だ、ということは皆さんご存知ですね。日本の金利が低すぎるので、「為替リスクを取っても外貨で運用したい」という、切実な悩みを逆手にとって開発されたといっても過言ではありません。

もしも、米国債で運用していたらこんなに増えたのに、知らない間にその機会を奪われてしまうのです。騙されないでください。保険と運用は分けて考えることが何よりも大切です。そして、むやみに売る立場の人を頼らないようにしましょう。

COLUMN

「保険料は、一生上がりません」という保険で得したつもりになっていませんか？

◆甘いキャッチフレーズにご用心

行動経済学をご存知でしょうか。

経済学といってもとても簡単。行動経済学は、「私たちがどのような状況で、どのように物ごとを選び、その結果どうなるか」を考える学問です。

「ある商品のCMを見た。魅力的だったので、購入した」という場面を想像してください。

ある消費者金融のCMでは、「10万円借りて、利息は1カ月にコイン3枚（1500円）」と放送されていました。

10万円借りて利息が1500円というのは、高いと思いますか？ 多くの人にとって、消費者金融の利息は高いというイメージがあるので、「意外に安いな」と思うはずです。

とはいえ、利息が**「1カ月に」**という言葉に注意をしてください。通常、利息は1年あたりで計算されます。もし1年間で返すなら、利息は12倍の1万8000円。金利は18％になります。

どうですか？ やっぱり消費者金融の利息は高いと思いませんか？

「消費者金融のCMを見た。利息が安かったので、10万円借りた」という行動は、実際の利息は高いので間違っていたことになります。

これは、**「本当は高いのに、安い」というイメージを植えつける**という、**行動経済学を逆手に取ったCM**だといえるでしょう。これと同じことはいくらでも世の中で行われています。

保険のCMを見てみましょう。

それは、**「保険料は一生上がりません」**という言葉に表れています。

私たちはこれまで定期保険特約付終身保険やアカウント型保険など、更新型の保険に加入していました。更新時には保険料が2倍になることも珍しくありません。

「そんなこと聞いていない」とか、「高くて払えない」など、更新時には頭を悩ませたものです。

そんな人にとって、「保険料は一生上がりません」というキャッチフレーズは心に響くに違いありません。たとえ、3000円でも50年支払うと180万円になるのです。

保険料を一生払い続けることは嫌なものですが、デメリットと思えることであっても、表現方法を変えるとメリットに聞こえてきてしまうから不思議なものです。

甘い言葉にご用心！

保険料は一生上がりませんが、一生払い続けるのですよ。

10万円借りたときの利息は？

10万円借りた。金利は18%

10万円×18%＝1万8,000円⇒1年分の利息は1万8,000円

1万8,000円÷12ヵ月＝1,500円⇒1ヵ月分の利息は1,500円

10年更新型の保険料は…

保険の基本のき

高度障害保険金とリビングニーズ保険金

◇高度障害と障害者は同じですか?

死亡保険金の支払い条件は、死亡または高度障害状態ですが、高度障害とはいったいどんな状態なのでしょうか。つい、障害者と認定されたときかしら?などと考えてしまいがちです。でも、高度障害保険金を受け取る「所定の状態」と認定されるためのハードルはとても高いのです。

高度障害がどのような状態なのかがわからないと、保険金を請求しないこともあるでしょう。反対に保険金を受け取れると期待していたにもかかわらず、高度障害状態とは認められないなど、トラブルになってしまう可能性も捨て切れません。

高度障害状態は、契約時に受け取る「約款（やっかん）」という保険の説明書に詳しく書いてあります。高度障害とは、その状態が**「永久に回復する見込みがない」**ことを指します。たとえば、失明したとか、言語を失った状態です。ところが、きちんとに表現をすると**「まったく永久に失った」**とされ、現実には医師がこのような診断書を書くことは少ないようです。

そもそも医学はわからないことだらけ。**「もしかしたら回復するかもしれない」と医師が考えている場合は、「まったく永久に失った」と断言できない**わけです。

一方、リビングニーズ特約は、余命6ヵ月以内と判断されたとき、死亡保険金のうち3000万円までを生前に受け取ることができます。こちらは、余命の診断が条件なので、原因にかかわらず保険金を受け取れます。**リビングニーズ特約は無料**で付けることができます。

◎高度障害保険金の受取対象となる高度障害状態とは

- 両眼の視力をまったく永久に失ったもの
- 言語またはそしゃくの機能をまったく永久に失ったもの
- 中枢神経系・精神または胸腹部臓器に著しい障害を残し、終身常に介護を要するもの
- 両上肢とも手関節以上で失ったか、またはその用をまったく永久に失ったもの
- 両下肢とも足関節以上で失ったか、またはその用をまったく永久に失ったもの
- 1上肢を手関節以上で失い、かつ、1下肢を足関節以上で失ったか、またはその用をまったく永久に失ったもの
- 1上肢の用をまったく永久に失い、かつ、1下肢を足関節以上で失ったもの

国が定めている身体障害者福祉法で身体障害等級1級に該当するときでも、約款で定める高度障害状態に該当しないことがあります。

◎リビングニーズのしくみ

- 余命6ヵ月以内と判断されたとき

死亡保険金などの一部
または全部を請求できる

対象となる死亡保険金額の範囲内で最高
3,000万円

医療保険──実はあまり使えない？

◇通院には使えない医療保険

日本で1番人気が高い保険が、医療保険です。医療保険は、病気やけがでの〝入院〟に備えるために加入するものです。

生命保険会社をはじめ、損害保険会社や共済でも取り扱っており、数多くの商品があります。

健康保険の自己負担分や差額ベッド代、そして収入ダウンに対して、医療保険で備えることが一般的ですが、**それは間違いです。**なぜなら、医療費というのは圧倒的に通院のほうが多いからです。最近病院に行きましたか？　ハイと答えた人のほとんどが、通院のはずです。

厚生労働省の患者調査でもわかるとおり、**70歳から74歳では、外来の約89万人に対して、入院はわずか14万人。**30歳から34歳であれば、外来20万に対して入院は1万6500人と約12倍もの差が開いています。

医療費に備えたはずが、保険料の支払いばかりかさみ、家計を圧迫することになりかねません。

たしかに医療保険の中には、通院給付金のある商品も販売されていますが、こちらはあくまでもいったん入院したあと、同じ傷病の治療のために通院することが条件。普通の通院では保障されないことに注意が必要です。

◇入院日数は短くなっている

医療保険で保障される日数は一般に60日間です。入院が長引きそうなのは脳卒中ですが、それでも1カ月から2カ月くらい。

◎年齢階級別にみた推計患者数　入院と外来

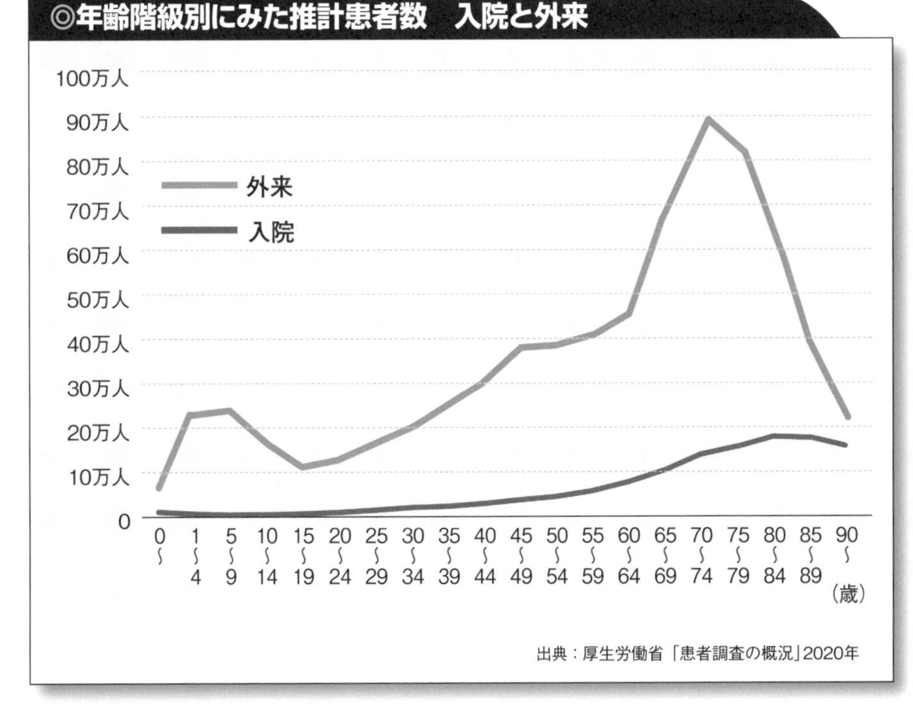

出典：厚生労働省「患者調査の概況」2020年

国が社会保障費を削っているので、入院日数は以前よりも短くなってきました。また、物価が上がると、医療費も値上がりします。入院給付金を受け取っても、医療費をまかなえなくなってしまうでしょう。

保険は小さい保険料で、大きな保障を得られるという特徴がありましたね。でも、**医療保険は逆。大きい保険料で小さい保障しか得られない商品です。**

詳しい保険料は次のページでご説明しますが、医療保険に加入するよりも、貯蓄で備える方が、よりかしこいのです。

◇保険料の払込期間に注意して

どうしても医療保険に入りたいなら、**保障される期間と保険料の払込期間をはっきり決める**ことです。子育ての間だけなど、一定期間の保障を得たいのか、それとも老後の医療費なのかを考えることがなによりも大切です。

ただし、医療保険への加入は、基本的におすすめできません。では、医療保障を得るためにどのくらいの保険料を支払うのかを見ていきましょう。

保険の基本のき

医療保険は、元が取れない？

◇入るべきか、入らざるべきか

病気やけがで入院した場合に備えるのが医療保険。「入るべきか？　入らざるべきか？」多くの人が悩みますが、結局ほとんどの人が加入しています。

というのも、死亡することより、入院する可能性のほうが高そうですし、「老後に備えたい」と考えるからです。ですが、保険はみんなで保険料を出し合う助け合いでしたね。そもそも保険で元を取ろうと考えること自体に無理があるのですが、つい「入院することはありそうだから入っておこう」と考える方が多いことをとても残念に思います。

仮に2週間の入院をして、手術給付金との合計17万円を受け取っても、一生涯を通じて払う保険料の10分の1くらいにしかなりません。

35歳の男性が1日当たり5000円、60日型の終身医療保険に加入したとしましょう。85歳まで保険料を支払うと平均的な保険の場合、138万円になります。この138万円を取り返そうとすると、276日間入院する必要がありますが、60日型なので続けて入院しても60日が上限。それ以上はもらえません。

しつこいようですが、そもそも保険で医療費に備えることはできても、圧倒的に支払う保険料の方が高くなります。

保険で損をしたくないと考えることは、「反対に損をする原因にもなるのだ」ということを覚えておきましょう。

社会保険や貯蓄を視野に入れて、保険料というコストと保障のバランスを考えてください。その上で保険の加入を検討しましょう。

◎医療保険に加入した場合の保険料

医療保険に加入する

1 日当たりの入院給付金：5,000 円
手術給付金：あり
1 入院当たりの上限：60 日

▶保険料：月額 1,800 円（35 歳男性）
85 歳まで 50 年間支払うと

2,300円×12ヵ月×50年＝138万円

▶保険料：月額 2,000 円（35 歳女性）
90 歳まで 55 年間支払うと

2,400円×12ヵ月×55年＝158万円

保険の基本のき

医療保険は、入院限度日数に注意

◇入院日数の上限はいろいろ

医療保険へ入るときには、**入院日数の上限**にも気をつけたいものです。入院の短期化に伴って、1日でも入院したら5万円10万円の一時金、あるいは入院給付金の10倍といった商品もありますが、その分の保険料がかさみます。

でも、**本当に困るのは長い入院**だと思います。

昔、加入した医療保険の中には、入院5日目からの支払いではありますが、120日や360日などの長い保障がありました。

入院の短期化という大義名分を掲げて、**現在、発売されている医療保険の主流は、1入院当たりの上限を60日**にしています。再び同じ病気で入院する場合は、退院してから半年を過ぎないと、新たな入院として認めてくれません。

なお、病気と事故など、明らかに原因が異なるときは、退院から半年たっていなくても入院給付金の支払い対象となります。

最近ではネオファースト生命の「ネオdeいりょう」のように退院から30日を過ぎると新たな入院とする商品もでてきました。

注意したいのは、1入院当たりの日数が30日や、45日に設定されている商品もあることです。**保険料が安いというのは、保障を削るというカラクリが隠れていることをご存知でしょうか？**

とはいえ、入院している間であれば1095日ノンストップ保障を行っている商品や、7大疾病のときに入院給付金の支払いを無制限に設定している商品、がんや介護などの特約をセットできる商品もあり、

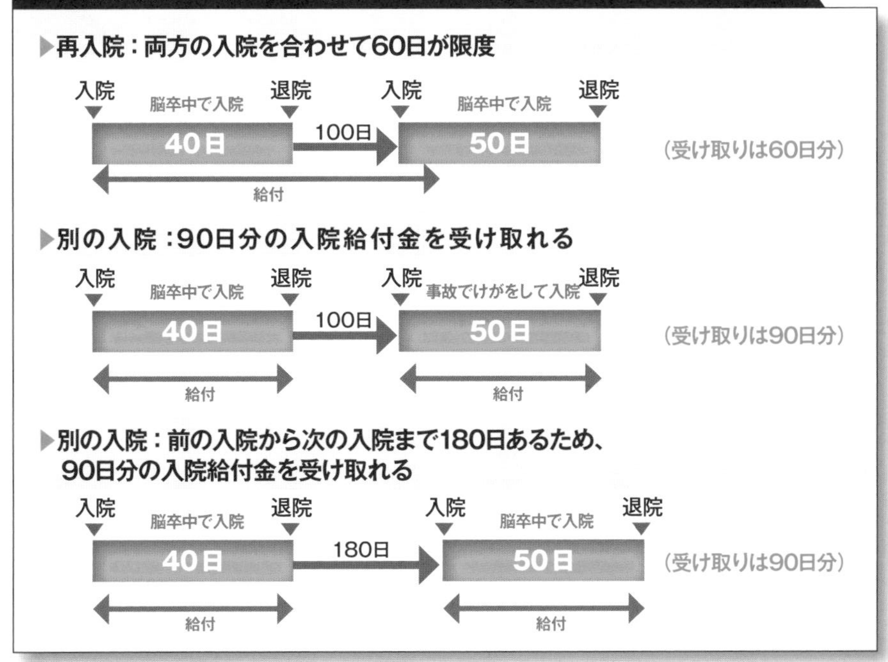

バラエティに富んでいます。

医療保険は入院したら保険金が支払われるという単純なしくみではありますが、一見しただけでは商品ごとの違いがわかりにくいので、加入するならしっかり見極めてください。

◇実費補償タイプの保険

ところで、実際にかかった費用を補てんしてくれる医療保険があることをご存知ですか。

医療費の自己負担は原則3割。**医療費用保険はこの3割分、入院時の食事代をはじめホームヘルパー代、先進医療費、差額ベッド代など幅広く補償**します。

医療費用保険は損害保険会社が販売しています。

たとえば、ＡＩＧ損保の**医療保険（実費補償型）「みんなの健保」**は、治療費に加えて、入院時にかかった清掃代行サービス業者、ペットシッターの雇入費用、ペットホテルへの預入費用なども支払いの対象です。

明治安田生命の「メディカルスタイル」も、入院と退院後の通院時にかかる医療費の自己負担額に応じた保障を得ることができます。

保険の基本のき

健康増進型保険——健康だと保険料が安くなる

◇健康への取り組みで保険料が変わる

健康増進型保険は、「①健康診断の結果で保険料が割引になる保険」と、運動を行うなど「②健康になる努力を評価する保険」の２つがあります。保険会社にとっても、加入者が健康に気をつけてくれると、保険金の支払いを抑えることができます。

①の健康診断については、喫煙の有無や血圧などの健康状態で保険料に差をつけている商品（スーパー割引定期保険など）を指しますが、加入時点で保険料が割引される商品と、後日、キャッシュバックされる商品（じぶんと家族のお守りなど）または併用される商品があります。

キャッシュバックされる商品は、②の健康になる努力を評価する保険です。禁煙、血圧やＢＭＩが所定の範囲内におさまることが要件。明治安田生命では、毎年、健康診断の結果に応じた「健康サポート・キャッシュバック特約（２０２４）」を２０２４年４月２日に発売します。

住友生命の**「Vitality」**は、健康診断の結果をアップロードしたり、毎日の歩数や運動するなどの目標を達成すると、毎週、ローソンやスターバックスでドリンクをもらえます。毎週、目の前に人参がぶら下げられている状況ですから、つい、がんばりたくなること請け合い。

Ｖｉｔａｌｉｔｙの使用料は毎月８８０円。加入当初は保険料が15％割引にされますが、その後最大30％割引から10％増額まで変動します。なお、住友生命の保険に加入しなくても月額３３０円で「Ｖｉｔａｌｉｔｙスマート」を利用できます。

◎健康増進型保険のしくみ

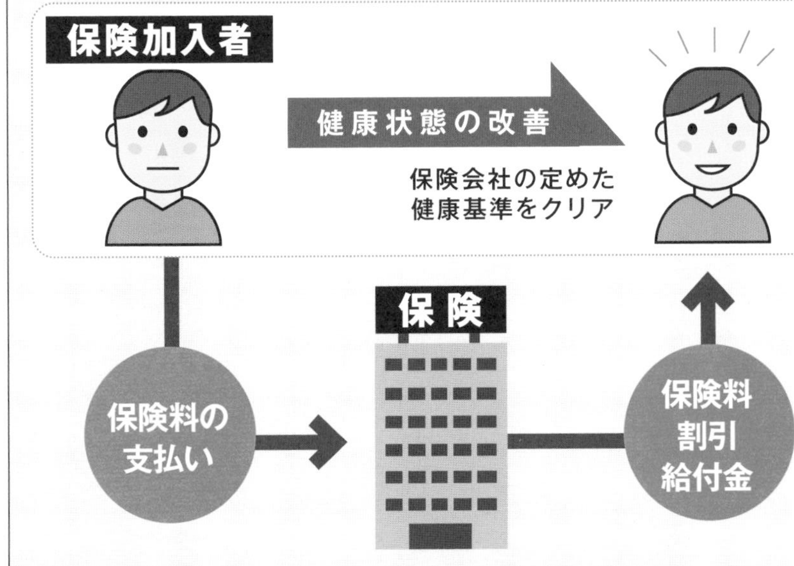

◎さまざまな健康増進型の保険（例）

保険会社商品名	特　徴
住友生命 Vitality	運動料に応じて保険料が変動。毎週、ローソンやスタバでドリンクをゲット。「Vitalityスマート」は、月額330円で最長２年間利用可能。保険型同様、ポイント獲得・ステータスアップを目標に健康増進活動に取り組めるしくみがある。そのほか、フィットネスジムの会費やウェアラブルデバイス購入代金の割引も。
SOMPOひまわり生命 じぶんと家族の守り	契約後2年以上5年の間、BMIの改善、禁煙した場合に保険料が減額され、これまで払った分との差額がキャッシュバック

COLUMN

引受基準緩和型、その保険料本当に払いますか？

◆簡単に入れるけど……

若く健康であれば、あえて医療保険に加入したいとは思いませんが、老後のことが気になり始めたり、体力に自信がなくなってくると加入したくなるものです。しかし、そうなってからでは入りたくても、入れないかも知れません。

65歳以上の約7割が健康上の理由で保険の加入を断念したそうです。健康診断書に「要経過観察」とあるだけで、加入できないケースも。

「健康に不安があるからこそ保険に入りたい」そんなニーズに応えるために、「引受基準緩和型」や「限定告知型」の保険が発売されています。このタイプの保険の特徴は、健康状態の告知が、通常の保険に比べて少ないこと。現在、入院や手術をすすめられていたり、入院中でなければ多くの場合、加入することができます。

反対に、保険会社にとっては保険金を払う可能性が極めて高くなります。そのため保険料は通常の告知のある保険に比べて2倍程度に跳ね上がります。以前の商品は、契約後1年間、契約した金額の半額しか支払われない商品もありましたが、最初から全額が支払われる商品が増えてきました。

もしかしたら通常の保険に、条件付きで加入できるかも知れません。たとえば、「椎間板ヘルニアで退院してからまだ1年」でも、腰椎など特定の部位の保障を一定期間や全期間にわたって除くという条件をつけると、通常の保険に加入できることがあります。

あるいは、保険料を割増することで、加入できることも。しかし、**医療費に備える基本は貯蓄です。**保険金がもらえそうだからといって、保険に頼らないようにしてください。

医療保険と引受基準緩和型医療保険の比較（月額保険料）

女性	オリックス生命	
	医療保険	引受基準緩和型医療保険
	キュア・ネクスト	キュア・サポート・プラス
30歳	1,680円	3,150円
40歳	1,995円	3,225円
50歳	2,695円	3,920円

すべて“いいえ”なら申し込めます（一例）

1.最近3ヵ月以内に、入院・手術・検査のいずれかをすすめられたことがありますか？ または、現在入院中ですか？

2.過去2年以内に（下表）の病気で入院したことがありますか？

> 脳卒中（くも膜下出血、脳内出血、脳梗塞）、心筋梗塞、狭心症、不整脈、こうげん病［関節リウマチ（若年性関節炎を含む）、結節症多発動脈炎、全身性エリテマトーデス（SLE）、皮膚筋炎、強皮症］、潰瘍性大腸炎、クローン病（限局性腸炎）

3.過去2年以内に糖尿病で入院したことがありますか？　または過去2年以内に、糖尿病の合併症で医師の診察・検査・治療・投薬のいずれかを受けたことがありますか？

4.過去5年以内に（下表）の病気や異常で入院または医師の診察・検査・治療・投薬のいずれかをうけたことがありますか？

> がん・上皮がん（がんとは、がん、白血病、肉腫、骨髄腫、悪性リンパ腫などの悪性新生物をいいます。上皮がんには、高度異形成も含みます）、心筋症、心肥大、心奇形、先天性心臓病、弁膜症、動脈瘤、動脈の閉塞・狭窄、動静脈奇形、慢性肝炎・慢性ウイルス肝炎、肝硬変、肺気腫、慢性気管支炎、慢性腎炎、免疫不全症（ヒト免疫不全ウイルス（HIV）病を含む）、筋強直性障害、先天性ミオパチー、筋ジストロフィー、統合失調症、うつ病、躁鬱病、アルコール依存症、薬物依存症、認知症、一過性脳虚血発作

保険の基本のき

がん保険——「上皮内がん」では死なない？

◇がん保険の基本は「診断給付金」

がん保険は、保障の対象をがんに絞った保険です。**がん保険の基本は「がん診断給付金」「入院給付金」「手術給付金」の3つが一般的。**

診断給付金を100万円、入院給付金を1万円とした保険が多いのはないでしょうか。

ただし、**がん診断給付金の取り扱いが保険会社によって異なります。**がんと診断された初回のみ支払われるタイプと、1年ごと、2年ごと、3年ごとなど複数回支払われるタイプとに分かれています。

さらに、**診断給付金が支払われる基準も異なっています。**

がんには「悪性新生物」と「上皮内新生物」との2種類があります。**命にかかわってくるのは悪性新生物であって、上皮内新生物の場合、死亡する確率は、ほぼゼロ**だそう。

上皮内新生物は、腫瘍が上皮内の中にあり、転移が起こりません。抗がん剤などは使わず、一般的な病気との違いはほとんどないそうです。一方、悪性新生物は転移が起こっているわけです。

がん保険は商品によって、悪性新生物と上皮内新生物の診断給付金が同じだったり、上皮内新生物の診断給付金が10％や50％と少なめなケースがあります。

保険料は保険金に応じて支払うので、どちらがよい商品というわけではありません。ですが、がん保険を検討するときは、どちらなのか注意をしてください。

アフラックの「生きる」を創るがん保険

WINGSの上皮内新生物の診断給付金は10％。しかし、上皮内新生物の前段階である中等度異形成や高

◎子宮頸部異形成とがんの流れ

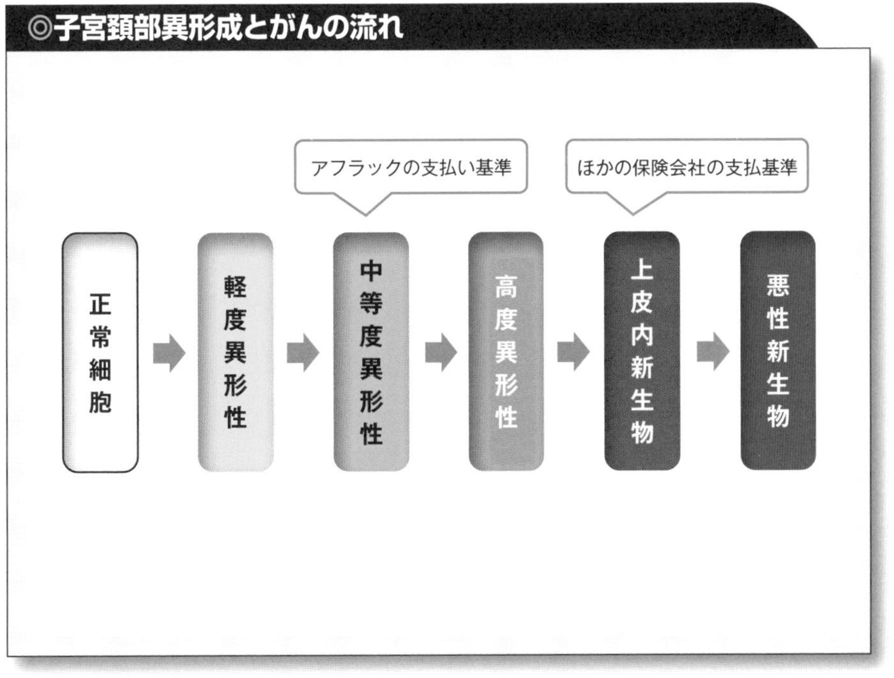

度異形成であっても診断給付金や入院給付金が支払われるため、他社の商品より優位性があります。

◇「待ち期間」にご用心

がん保険の注意点は、**「待ち期間」**にあります。これは**契約から3ヵ月間は保障されないこと**。この期間中に、がんと診断されると、契約は無効になります。待ち期間は保障がないにもかかわらず、保険料を支払わなければなりません。しかし唯一、**SOMPOひまわり生命の「勇気のお守り」**は待ち期間の保険料を払わなくてすみます。

◇がん治療はまだ発展途上

がん治療は進化を続けています。かつては入院での治療が中心でしたが、現在では、通院治療が増えてきました。**がん保険も治療を手厚くしたタイプへと変わってきました。**

また、抗がん剤治療の給付金を主契約とした商品や、健康保険の使えない自由診療を補償する商品も存在します。

COLUMN

がん治療についての一考察

◆がんの標準治療は3つ

がんは体の中で、異常な細胞が増えてしまう病気です。私たちの細胞は、一定期間ごとに、新しい細胞に生まれ変わりますが、がん細胞はいつまでも増え続けます。その結果、大きなかたまりになって、身体の機能をじゃまします。

がんの治療には、手術療法、化学（薬物）療法、放射線療法があります。一般的に健康保険を使います。

さて、がんが治るとはどういうことでしょう？ それは、がん細胞がひとつも残らないこと。たとえば、手術でがんを切除したドラマのシーンを思い浮かべてください。手術を終えた医師が患者の家族に言いました。「取れるものはすべて取りました」。これは、「取れないものは取らなかった」とも聞こえます。なぜなら、がんは細胞ですから、目に見えません。目に見えないから、全部取ることはできないのです。

そこで、残っているがん細胞が、これ以上大きくならないように抗がん剤を使います。我が国では、これまで手術が中心でしたが、近ごろでは抗がん剤を使った化学（薬物）療法や放射線療法が進歩し、がんの種類やステージによっては手術と変わらない効果が認められています。

◆第4・第5の治療法とは

第4のがん治療は、**「がん免疫療法」**です。自分の免疫細胞を活性化させることで、私たちの身体にもともと備わっている免疫のしくみを利用します。この方法を試すには、「がん遺伝子パネル検査」を行って、その人の遺伝子を解読する必要があります。この検査は、検査費用だけで60～100万円くらいかかります。

自分の遺伝子にぴったりな薬が見つかる確率は20％くらいですが、今は薬がなくとも、将来、開発されるかもしれません。

そして、第5のがん治療が、**「光免疫療法」**です。この治療は、がんが光に反応する薬を投与します。次に薬ががんに集まったところでがんにレーザー光を当てる治療法です。

多くの場合、健康保険は使えないのですが、「切除不能な局所進行または局所再発の頭頸部がん」の治療のみ、健康保険を使えます。現在は諸外国でも、治験が行われ、頭頸部がんだけでなく、別の部位でも使えるようになる日がやって来るでしょう。

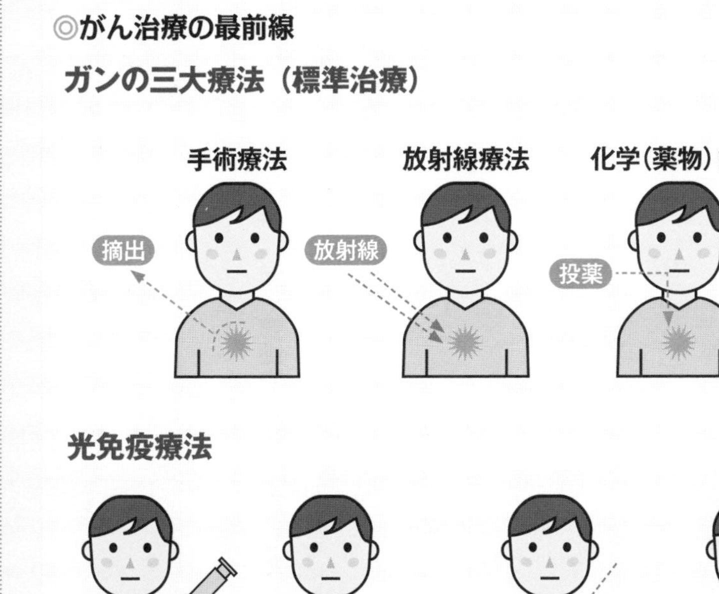

個人年金保険——ほとんど増えないので注意

◇老後の資金を確保できる？

個人年金保険は、老後の資金に備えて加入する商品です。60歳や65歳など、契約時に約束した年齢から年金を受け取ることができます。代表的な商品には、確定年金と終身年金の2種類があります。

▼確定年金

10年や15年など期間を決めて年金を受け取るタイプ。被保険者が死亡しても、遺族が残りの金額を受け取ることが可能です。

▼終身年金

一生涯年金を受け取ることができるタイプです。早期に死亡する場合に備えて、確定年金と終身年金を組み合わせたタイプの「保証期間付終身年金」があります。

個人年金保険は、**固定金利の金融商品です。この先、物価や金利が上昇したとしても将来の年金は増えません。**インフレが進む現在は固定金利の商品にお金を投じてはいけません。

一方、変額型や外貨建ての個人年金保険も存在します。こちらは経済の状況や株価・金利・為替などによって、年金額が決まる商品です。変額型の場合、投資信託で運用を行います。いわばハイリスク・ハイリターン型の年金です。

外貨建ての個人年金保険は、払込時と受取時の為替によって、利益が出るのか損失になるのかは、受け取りが終わるまでわかりません。

なお、個人年金保険に税制適格特約を付加すると、所得税と住民税が安くなります（変額型を除く）。

◎個人年金保険のしくみ

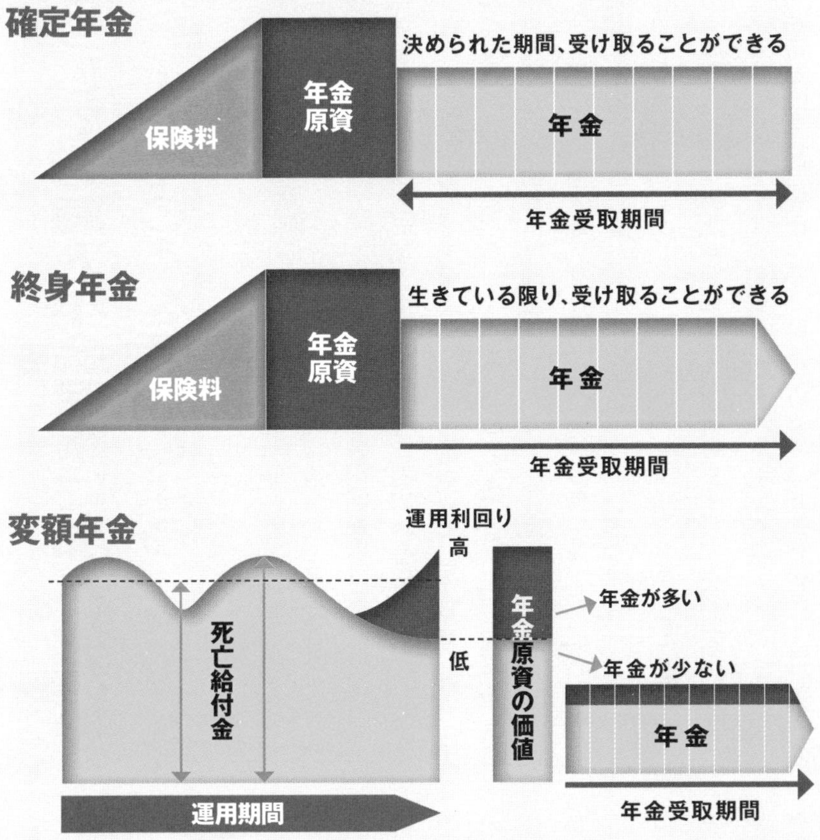

確定年金

保険料
年金原資
決められた期間、受け取ることができる
年金
年金受取期間

終身年金

保険料
年金原資
生きている限り、受け取ることができる
年金
年金受取期間

変額年金

死亡給付金
運用期間
運用利回り
高
低
年金原資の価値
年金が多い
年金が少ない
年金
年金受取期間

税制適格特約の４つの要件

①年金受取人は保険契約者またはその配偶者のいずれかであること
②年金受取人は被保険者と同じ人であること
③保険料払込期間は10年以上あること
④確定年金の場合、年金支払開始日の年齢は60歳以上で、かつ、年金支払期間は10年以上であること

個人年金保険料控除は、年間の保険料が8万円以上なら、4万円を控除できます。
所得税が10％の人は、4,000円。20％の人なら8,000円分の所得税が安くなります。
一方、住民税の控除は2万8,000円なので、10％の2,800円分が節税可能です。
所得税10％なら住民税と合わせて、年間6,800円の節税になります。

COLUMN

どうしても個人年金保険に加入したいならiDeCoを活用しよう

◇お得な商品は販売側に不利

金利の低い、そしてインフレの現在は、個人年金保険の加入はおすすめできませんし、そもそもほとんど販売されていません。

「どうしても元本割れだけは避けたい」と思っている人は、ぜひ**確定拠出年金を活用**して個人年金に入ってください。

すべての人が確定拠出年金に加入できますが、掛金の上限は働き方や勤務先によって異なっています。

確定拠出年金は銀行をはじめ、生命保険会社や証券会社など多くの金融機関が取り扱っています。

確定拠出年金に個人が加入する場合の愛称を**「iDeCo（イデコ）」**と名づけ、国を挙げて〝自分の年金は自分で作ろう〟キャンペーンの真っ最中というところです。

メインバンクなどで口座を開設するのもよし、手数料や口座管理料など金融機関によって異なるため、ネット証券などを検討するのもよいでしょう。

◇こんなに違う還付金

確定拠出年金は自分で運用する商品を選びます。通常、運用する商品は投資信託や、定期預金などが思い浮かぶものですが、個人年金保険を選ぶことができます。

確定拠出年金の掛金は全額、所得控除を受けることができるので、節税効果が高くなります。たとえば、毎月1万円の掛け金を払うと、12万円の控除を受けることができます。

所得税率が10％の人なら、住民税との合計20％分の税金が安くなるしくみです。

▼**確定拠出年金**：12万円×20％＝2万4000円

個人年金保険料控除は、最大でも

わずか4万円です。

▼**通常の個人年金保険**：所得税4万円×10％＝4000円
住民税2万8000円×10％＝2800円　合計6800円

2万4000円と6800円の節税ではずいぶんと大きな違いだと思いませんか？　所得税率がもっと高い場合は、より多くの節税が可能ですし、掛金をもっと増やせる人もいるでしょう。

金利の低い今、個人年金保険で資産を増やすことは難しいのですが、確定拠出年金を利用すると所得税と住民税が安くなる分、効率よくお金が貯められます。

確定拠出年金のデメリットは途中で解約できないこと。そして受取時には税金の対象になることです。

	通常の個人年金保険	確定拠出年金を活用した個人年金保険
所得控除の名称	個人年金保険料控除	小規模企業共済等掛金控除
12万円／年間 所得税率10％の節税額	**6,800円** **所得税**：4万円×10%＝4,000円 **住民税**：2万8,000円×10%＝2,800円	**2万4,000円** **所得税**：12万円×10%＝1万2,000円 **住民税**：12万円×10%＝1万2,000円
12万円／年間 所得税率20％の節税額	**1万800円** **所得税**：4万円×20%＝8,000円 **住民税**：2万8,000円×10%＝2,800円	**3万6,000円** **所得税**：12万円×20%＝2万4,000円 **住民税**：12万円×10%＝1万2,000円
確定申告（会社員等）	必要なし	必要なし
中途解約	可	不可

※復興特別所得税は加味していません

COLUMN

外貨建て個人年金保険には元本割れリスクも

◆円高で損する外貨建て個人年金保険

外貨建て個人年金保険は日本円建ての商品と同じしくみですが、保険料の支払いや年金の受け取りが外貨建てで行われることが最大の違いです。

「今の低金利では、日本円建ての個人年金に加入しても、大きく増やすことは期待できません。豪ドル建てや米ドル建てだと運用利率が高いのでお得ですよ」

など、外貨建ての商品を提案されることも多いと思います。

運用利率というのは、保険料から保険会社の経費と儲け、さらに死亡保険料を差し引いたあとの金額を運用する利率です。

預金は全額が運用されますから、そもそも、「預金の利率と保険の利率を比べるのはおかしい」のです。

外貨建て個人年金で受ける年金額は、あらかじめ決まっていますが、あくまでも外貨建てでのお話。

円での受取額は年金を受け取るときの為替レートで両替することになります。

為替レートが円安だと、多めの年金を受けることができる反面、円高の場合は、元本割れのリスクがある商品であるということを忘れてはいけません。

◆多くの手数料が発生！

また、外貨建ての個人年金は外貨預金とあまり変わらないというイメージがありますが、そうではありませんよ。

為替手数料はもちろん、保険にかかる手数料との両方がかかってしまいます。

契約時にかかる販売手数料や保険制度を維持するためのコストに加えて、解約時には解約控除や為替手数料など、実に多くの手数料を負担しなければなりません。

今は円安ですから、この先円高になると、たった数パーセントの運用利率はすぐに吹っ飛んでしまうでしょう。

受け取り時に円高になっているときに備えて、年金の受け取りを据置きできる商品を選ぶことが大切となります。なかには、据置きに対する手数料が発生する商品もあります。

これらの手数料は、目に見えませんし、パンフレットにもほとんど書いていないのです。

外貨建ての商品で運用したいなら、アメリカの国債を買った方がよほど資産が大きく増えます。

【外貨建て個人年金保険で負担する3つのコスト】

①保険関係コスト
②年金を管理するためのコスト
③両替にかかるコスト

外貨建て個人年金保険のコストは、①～③の合計額
途中で解約する場合は、さらに解約控除の対象になる

▶円高と円安の考え方

1ドル100円のとき1万ドルを一時金で100万円で加入したケース。

←円高――――円安→

	2012年2月	2014年12月	2023年8月
米ドル為替レート／1ドル	76円	120円	140円
1万ドル	76万円	120万円	140万円
	24万円の損	20万円の儲け	40万円の儲け

(注) 3つのコストは加味していません。

保険の基本のき

学資保険――受け取り方法で大きく違う戻り率

◇貯蓄と保障を同時に確保

学資保険は、契約者である親の死亡に備えながら、子どもにかかる教育費を準備する保険をいいます。

保険料の払込期間中に契約者が死亡すると、その後の保険料が免除となり、あらかじめ定めた学資金は予定通り受け取れるしくみとなっています。

商品によって細かい違いはありますが、基本的には同じ。満期や入園・入学に合わせた祝い金を受け取れる「貯蓄機能」と、教育資金の稼ぎ手である契約者が死亡した場合に備える「保障機能」の２つの面があります。

なかには、契約者の死亡時に育英年金が支払われるタイプもあります。育英年金が支払われるということは、学資保険に収入保障保険がセットされているのと同じ意味です。

死亡保障と同時に加入しているため、戻り率という意味では低くなりますが、これは収入保障保険に対する保険料が含まれているからです。

◇戻り率に惑わされないで

学資保険は、学資金の受け取り方法によって大きく３つに分かれています。

①**小学校、中学や高校入学などの節目で祝い金を受け取るタイプ**（左の表、「①のタイプ」参照）

②**満期時のみに受け取るタイプ**

③**大学に在学中の４年間にわたり分割して学資金を受け取るタイプ**（左の表、「③のタイプ」参照）

年齢や性別、そして学資金がまったく同じであっても戻り率は異なります。戻り率の高いほうから③

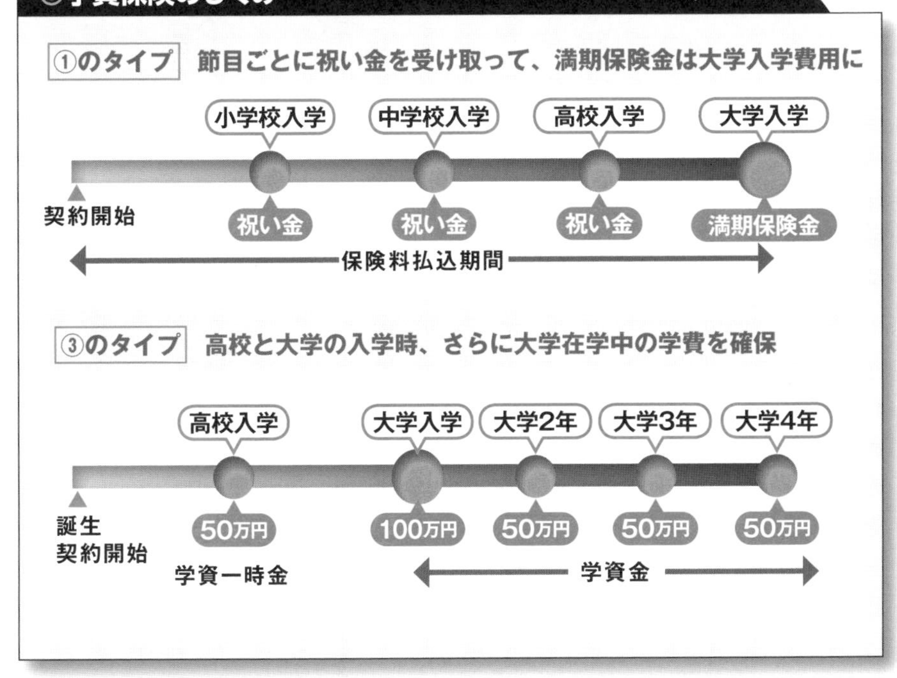

→②→①の順となります。

戻り率は払った保険料に対して、学資金が何%になるかを計算したもの。現在はせいぜい数%です。

学資保険は学資金を受け取るタイミングが遅くなればなるほど、戻り率が高くなります。なぜなら、学資金を受け取るタイミングが遅い場合、保険料を預けている期間が長くなるため、その分増えるようになっています。

このように受け取り方によって、同じ金額の保険でも保険料が異なります。

単に支払う保険料だけで学資保険を比較することが難しい理由は、こんなところにあるのです。

「大学の入学時の費用をねん出したい」「大学在学中の費用を分割して受け取りたい」など、さまざまなニーズがあると思います。**戻り率と受け取るタイミングを考えて商品を検討**してください。

学資保険も、固定金利の積立型保険です。物価が上昇して大学費用が上昇するリスクや、保険会社の破たんリスクも考慮することが大切です。

COLUMN

来店型保険ショップ、銀行窓口の注意点

◇多様になった販売チャンネル

インターネットや雑誌、本などさまざまな方法で情報を集めることができ、便利な世の中ですね。値段を調べるときに、価格ドットコムなどの比較サイトを活用している人も多いでしょう。

でも、保険の場合は少々事情が異なります。なぜなら保険の比較サイトの収入源は、資料請求の数に応じて決まるしくみだからです。保障がイマイチの商品でも**悪いことは書きません。さらに、そのサイトが契約していない商品は、仮によい商品であっても何も載っていません。**

比較サイトはきれいなホームページを作って、消費者を保険へ誘導することで利益を上げるビジネスです。

保険に加入する方法には、保険会社の専属営業職員から加入するほか、保険ショップや銀行、通信販売、ネットと実に多くのチャンネルがあります。

実際には半分以上の人が営業職員から加入（表参照）しています。来店型保険ショップで加入する割合はわずか15・3％ですが、少しずつ増えています。

商品の下調べが終わったら、保険ショップに足を運ぶのもよいでしょう。具体的な商品の比較を行うことができます。気になる商品やおすすめ商品のよいところや注意点、疑問点を聞いてみましょう。ショッピングセンターの中にも多く出店し、使い勝手がよくなっています。銀行も来店型保険ショップのひとつです。

来店型には専属といって1社しか取り扱いがない場合と、総合型といって何十社も比較できる場合があります。

銀行は、リスクの高い商品は販売しないというイメージがありま

すが、投資信託や外貨建て保険、変額保険など、想像以上にリスクの高い商品をすすめてきます。とくに、外貨建て保険の為替リスクを説明せずに販売することが大きな問題になりました。

こういった商品は途中で解約を行うと、解約控除額や両替手数料が差し引かれ、元本割れします。あるいは為替や株価の影響で儲かったり損をしたりします。

いずれにしても、**その場で契約をしないこと。家でもう一度ゆっくりと考えることが何よりも大切**です。**窓口に座っている人は保険のプロ。たちまち言いくるめられてしまう**でしょう。保険屋さんは、「保険にたよらず貯蓄で備えてください」とは言いませんよ。

◎生命保険の加入契約のチャンネル

令和3年度調査

	(%)
◉生命保険会社の営業職員	55.9
◉家庭に来る営業職員	44.5
◉職場に来る営業職員	11.5
◉通信販売	6.4
◉インターネットを通じて	4.0
◉テレビ・新聞・雑誌などを通じて	2.5
◉保険代理店の窓口や営業職員	15.3
◉銀行・証券会社を通して	6.2
◉銀行を通して	6.0
◉証券会社の窓口や営業職員	0.2
◉勤め先や労働組合等を通じて	3.6
◉生命保険会社の窓口	3.2
◉郵便局の窓口や営業職員	2.6

出典：生命保険文化センター「生命保険に関する全国実態調査」令和3年度

COLUMN

「変額保険」の落とし穴 資産運用には向かない？

◆変額保険ってなんですか？

変額保険は、**保険料を株式や債券などの投資信託で運用する商品**です。資産運用の実績に応じて、死亡保険金、解約返戻金、満期保険金が増えたり、減ったりします。

ここ何年か金融庁のお叱りや世界中の低金利を受けて、外貨建て保険の販売が少なくなってきました。そうそう、金融庁のお叱りとは、「契約者に外貨建て保険のリスクを説明せず、元本保証です！」と、けしからん売り方をしていたから。現在は自粛といったところでしょうか。

その代わりに、金融機関が販売に力を入れてきたのが変額保険です。そもそも、円建ての保険は金利が低くて、魅力に欠けます。そこで消去法のように脚光を浴びたのが変額保険というわけです。

ここで質問です。

「保険商品」と「投資信託」で資産運用を行う場合、皆さんは、どちらがよいでしょうか？

たぶん保険のほうが、なじみがある分、取っつきやすいのではないでしょうか。さらに保険ですから、少しだけ安心感があるかも知れません。

しかし、変額保険にもデメリットがあります。

とても大切なことは、支払った保険料の全額が運用に回るのではありません。保険としての保障機能を維持するのに必要なコストや、保険会社の儲けなどは差し引かれてしまいます。

投資信託だと、払ったお金の全額が運用されます。

このように変額保険は保険と投資信託のコストがダブルでかかりますから、**資産運用が目的の場合はおすすめしません。**iDeCoやNISA口座で投資信託を購入しましょう。

Part 4

選ぶべき生命保険、教えます

一押しの保険、教えます！

✣あなたに合った保険を見つける

必要な保険と保障額が決まったら、実際に商品を選んでいくステップに進みます。**保険選びの3つのポイントは、「どんなときに」「いくら」「いつまで」**でしたね。

「どんなときに」は、保険に加入する目的です。そして、「いくら」は保障額ですが、「いつまで」には2つの意味があります。

①いつまでの保障が必要か
②保険料をいつまで払うのか

保険料の総額はいつまで払うのかによって、大きく変わってきます。ひと月当たりで見ると数千円と、楽に払える金額であっても、一生を通して払う保険料は莫大なものになります。

終身払いの場合、死亡する年齢がわからないのですが、平均寿命まで生きると仮定します。その場合、終身払いよりも60歳や65歳など、短期間で支払い終えるほうが保険料の合計は安くなります。

広告の中には、保険料を支払う期間が記載されていないことがよくあります。

こういった場合、「保険料は一生上がりません」という言葉から、「保険料は一生上がらないけど、一生払うんだ」と推測できますね。

安い保険料を提示するために、支払期間を終身払いに設定する商品が増えてきました。

保険選びの基本は**できるだけ「短い期間」で加入すること**。賢く選ぶためには、期間を区切ることから始めましょう。

代表的な保険商品を掲載しておきます。何社か選んで試算してみましょう。男女の違いや年齢によっても自分にあった商品は違ってきます。

定期保険

✣短期〜長期までさまざま

ここからは具体的な商品名をあげて、それぞれの特徴を見ていきましょう。

定期保険は**期間を定めた死亡保険**。保険期間は短期から長期まで、商品によっては１００歳など長い期間を自由に選ぶことができます。もっとも期間の長い定期保険は終身保険と似た意味になり、保険料もそれなりに高くなります。

このように定期保険ひとつとっても、数多くの商品があり、各保険会社が取り扱っている定期保険も1種類ではありません。その中からひとつの商品を選ぶのは大変だとは思いますが、ここをキチンとしないと割高な保険料を払うことになりかねません。

保険金額や保障期間、そして保険料は妥当かどうか？「いくら」と「いつまで」を明確にしましょう。

定期保険は一定期間の保障を得るものですが、保険期間が終わっても、引き続き保障を得たい場合もあるかもしれません。定期保険の更新が可能かどうかは満了時のタイプによって異なっています。

◆年満了タイプ：10年や20年などの期間を指定
◆歳満了タイプ：60歳や70歳までなど年齢を指定

保険期間が満了したあとも、「更新できるのは年満了タイプ」。更新時に健康上の問題があったとしても、基本的に加入時と同じ条件で更新することができます。

一方、歳満了タイプは、指定した年齢で保障は終了。それ以上は更新することができません。

どちらで加入しても保険料は同じですから、年満了タイプで加入しておくとよいでしょう。

メットライフ生命

スーパー割引定期保険

非喫煙優良体に該当する人ならおトク

特徴 この保険は保険料率を、喫煙の有無、体格、血圧の数値などによって4つのクラスに分けています。非喫煙優良体に該当すると、標準体に該当する人と比べて、保険料は最大半額以下となります。

年満了タイプを選ぶと、最長80歳まで更新することができます。更新を迎えた時に、体重が増えたり血圧が高くなっていても、加入時の健康状態による保険料率が適用されます。

注意点
禁煙歴は2年以上と、ほかの保険会社と比べて長くなっています。

保険料

	30歳	40歳	50歳	保険金額の例
男性	840円	1,610円	3,350円	死亡保険金：1,000万円、保険期間：10年、非喫煙優良体
女性	810円	1,360円	2450円	

SBI生命

クリック定期！Neo

誰に対しても割安な保険料

特徴 SBI生命はインターネット申し込み専用の保険会社。最大の特徴は、喫煙の有無や血圧で保険料に違いがないこと。誰でも一律の保険料で加入できるうえ、特に女性の保険料が安くなっています。

「保険金支払即日サービス」は、請求書が午前11時までに保険会社に届いた場合、500万円を限度に当日、保険金を支払ってくれます。

注意点
ネット専用商品なので、申し込みは簡単で最短5分程度と速い。

保険料

	30歳	40歳	50歳	保険金額の例
男性	990円	1,860円	3,990円	死亡保険金：1,000万円、保険期間：10年、
女性	790円	1,390円	2,580円	

メディケア生命

メディフィット定期

健康体による区分を設けていない

特徴 メディケア生命は住友生命の子会社です。この商品は喫煙の有無や健康状態による区分がなく、一律の保険料となっています。
保険金額は300万円～3,000万円の範囲、100万円単位で選ぶことができます。最大80歳まで継続することができます。

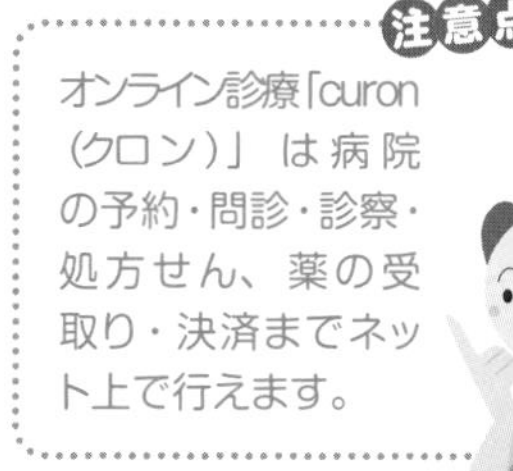

注意点
オンライン診療「curon（クロン）」は病院の予約・問診・診察・処方せん、薬の受取り・決済までネット上で行えます。

保険料

	30歳	40歳	50歳	保険金額の例
男性	977円	1,847円	4,012円	死亡保険金：1,000万円、保険期間：10年
女性	772円	1,378円	2,595円	

チューリッヒ生命

定期保険プラチナ

さらにシンプルな定期保険になって新登場 30歳の女性なら1番安くなる

特徴 2023年に改訂された定期保険プラチナは、これまでの喫煙要件、血圧やBMIの基準を撤廃。喫煙の有無や血圧の告知は不要となり、健康診断結果も各年齢の告知書扱い範囲内であれば提出が不要。健康状態にかかわらず、一律の保険料となりました。保険金額は、100万円～3億円となっています。

注意点
一率の保険料でわかりやすくなりました。

保険料

	30歳	40歳	50歳	保険金額の例
男性	980円	1,890円	4,340円	死亡保険金：1,000万円、保険期間：10年
女性	760円	1,400円	2,870円	

収入保障保険

❖見直しの手間も少ない

収入保障保険は、保険金を分割して受け取る商品です。例えば死亡したときに、毎月10万円の保険金を60歳になる年まで受け取ることができます（左図）。35歳で死亡したときには合計3000万円ですが、45歳での死亡は1800万円。年齢が高くなるにつれ徐々に保険金の合計が少なくなっていきます。

保険料も安く、必要保障額に応じて保険金が少なくなっていくので、見直しをする頻度も少なくてすみます。

とはいっても、収入保障保険だけでは、お葬式代や教育資金など一度にかかるお金には十分ではありません。そこで定期保険と組み合わせるなど、ライフプランに応じた加入方法を考えてみましょう。定期保険を組み合わせることで、満期間際の死亡でも、ある程度まとまった保険金を手にすることができます。

なお、収入保障保険でも、希望により一括で受け取れますが、保険金の合計よりも少なくなります。

❖一度に大金を受け取るのは不安……

死亡保険金を受け取った人の相談で、圧倒的に多いのは「こんなにたくさんのお金が銀行にあるのは不安だ」という声。銀行にあるので心配ありませんが、そもそもこれだけの大金を手にした経験がない、さらに「このお金を運用してもっと増やしたい」という心理が働くのでしょう。

もちろん、銀行が破たんするケースを想定すると、不安な気持ちもよくわかります。ひとつの金融機関には「1000万円までしか預けない」としたほうが

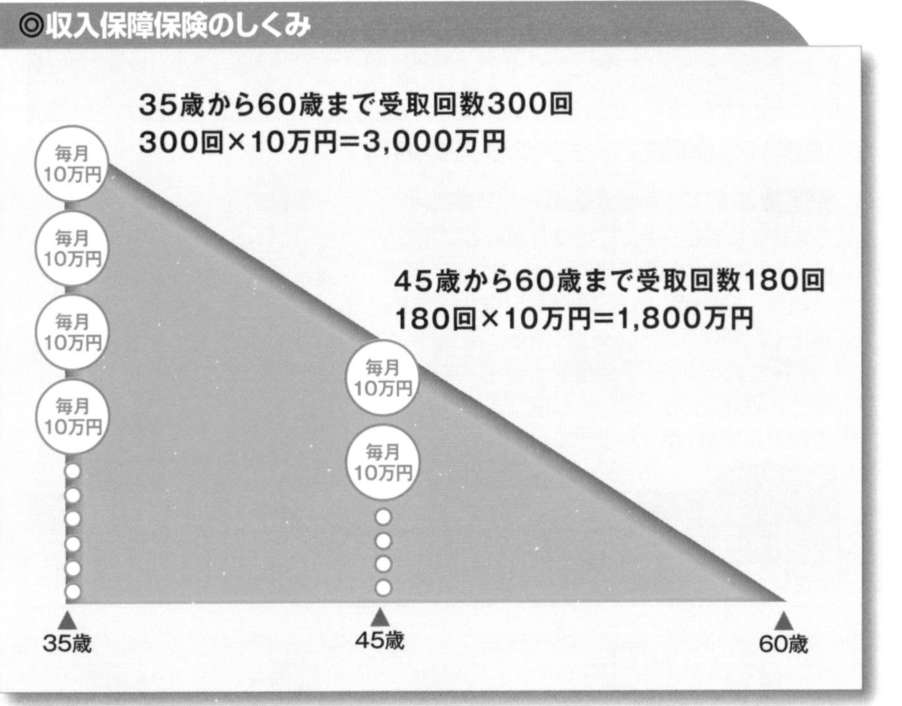

よいかもしれません。

大金が普通預金口座にあると、金融機関の営業も激しくなってきます。つい一時払い終身保険や個人年金保険へ加入する人も多くいらっしゃいます。変額保険や外貨建て保険など、リスクの高い商品をすすめられることもあるでしょう。

保険に加入すること自体が悪いわけではありません。しかし、**「預金よりも保険のほうがお得ですよ」という営業トークに問題がある**のです。

預金は必要な時にいつでも下ろすことができます。もちろん、預けたお金は全額が戻ってきます。保険の場合は多めの手数料を差し引かれるため、最初の5年や10年は元本割れ状態。どこが預金よりお得なのか疑問です。保険で得をするのは、保険に加入してすぐに死亡するときに限られています。このようなセールストークには気をつけてください。

保険金を受け取ったあと、預入先に大きく悩むのであれば、最初から分割払いの収入保障保険を選んでおきましょう。保険金の運用について、あれこれ悩むことが少なくなるでしょう。

FWD生命
FWD収入保障

保険料も保障もトップクラスの内容

特徴 現在、非喫煙優良体の保険料の安さと柔軟な見直しの面で、この商品の右に出るものはありません。満期間際の死亡は5年保証で試算しましたが、2·3·10年もあります。また、途中で定期保険などに変更できます。
「配偶者同時災害死亡時割増特則」は、夫婦の同時災害死亡にも備えることができます。追加の保険料はかかりません。

注意点 たばこを吸う人や健康基準を満たしていない人でも、年齢によっては他社より安くなります。

保険料

	30歳	40歳	50歳	保険金額の例
男性	2,420円	2,481円	2,670円	年金月額：15万円、保険期間：60歳、非喫煙優良体、最低保証5年、40歳女性のみ最低保証10年
女性	1,966円	2,542円	2,073円	

SOMPOひまわり生命
じぶんと家族のお守り

健康☆チャレンジ制度でキャッシュバック

特徴 1年以上タバコを吸っていないことや、健康体の基準を満たすと保険料が割り引かれます。特に「だんだん減り」を適用すると、保険料が5年ごとに少なくなっていき、最大に加入時の50%に。教育費の負担が重くなりがちな時期の保険料をおさえられます。健康☆チャレンジ祝金は、非喫煙健康体ではない人が、禁煙したり、健康状態がよくなった人が対象です。

注意点 試算では「だんだん減り」は適用していません。

保険料

	30歳	40歳	50歳	保険金額の例
男性	2,595円	2,925円	2,790円	年金月額：15万円、保険期間：60歳、非喫煙健康体、最低保証2年
女性	2,280円	2,475円	2,160円	

はなさく生命
はなさく収入保障

障害や介護にも備えられる

特徴 はなさく生命は日本生命グループです。この商品は喫煙の有無、BMIの血圧の数値によって、4つの保険料率に分かれています。基本プランに障害・介護保障特則をつけることができます。また、がんなどの重い病気のときに保険料を免除してくれる特定疾病保険料免除特約もあります。保険料も安く、よい商品だといえます。

注意点
身体障害や要介護になられたときも年金や一時金を受取れます!

保険料

	30歳	40歳	50歳	保険金額の例
男性	2,490円	2,580円	3,630円	年金月額：15万円、保険期間：60歳、最低保証2年、非喫煙者健康体
女性	1,880円	2,090円	2,810円	

ネオファースト生命
ネオ de しゅうほ

ネオファースト生命は第一生命グループ

特徴 この商品は、喫煙の有無、BMI,血圧によって、健康区分は4種類。BMIと血圧の基準を満たすためには、健康診断書の提出が義務づけられています。オプションとして、特定疾病による保険金の支払いや保険料免除などを用意しています。

注意点
特定疾病とは、がん、急性心筋梗塞、脳卒中を指します。いずれかの疾病で所定の状態になったら特定疾病収入保障年金を受け取れます。

保険料

	30歳	40歳	50歳	保険金額の例
男性	2,746円	2,632円	3,537円	年金月額：15万円、保険期間：60歳、最低保証2年、非喫煙者健康体
女性	1,880円	2,090円	2,810円	

終身保険

相続税対策に最適

終身保険は、保障が一生涯続く商品です。しかし、何千万円という大きな死亡保障を得るためには、保険料の負担が重くなってしまいます。

ひと昔前であれば、終身保険に加入して貯蓄するという選択肢もありましたが、現在は史上最低金利を更新中。金利が低いということは、保険料が高いということ。終身保険で死亡保障を用意したり、資産運用を行うメリットは見当たりません。

ましてやインフレの進む今、この低金利の終身保険では将来の価値が目減りするでしょう。

ところが終身保険も使いよう。相続税では法定相続人ひとりにつき、500万円の保険金が非課税になります。

もし、銀行に500万円を預金していたら、バッチリ相続税の対象ですが、保険金として受け取れば一定金額までは非課税になります。こんなメリットが保険金にはあるのです。この**非課税枠を活用した相続対策に向く保険**、それが終身保険です。

最近、主流となっている終身保険は、払込み中の解約返戻金を通常の保険の70％くらいに低くすることで、保険料を安くしています（77ページ）。途中で解約すると確実に損をするので気をつけてください。

変額保険は元本保証ありの投資信託

変額終身保険は、株式や債券を組み入れた投資信託で運用を行う商品です。どの投資信託を選ぶかは自分で決めます。運用状況のよい時期に死亡すると、多めの保険金を受け取れますが、悪い時期はあらかじ

◎変額終身保険と外貨建て終身保険のしくみ

▶変額終身保険

運用実績に基づいて保険金や、解約返戻金が変動する商品。運用が不調でも死亡の場合は基本保険金が保証される。

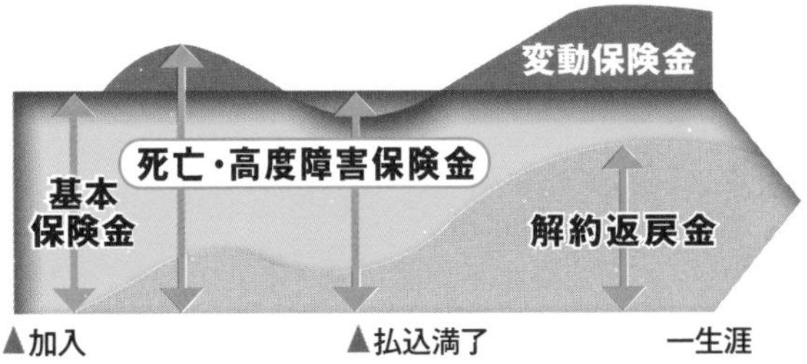

変動保険金
死亡・高度障害保険金
基本保険金
解約返戻金
▲加入
▲払込満了
一生涯

▶外貨建て終身保険

保険料の支払いから保険金の受け取りまで外貨で行う。

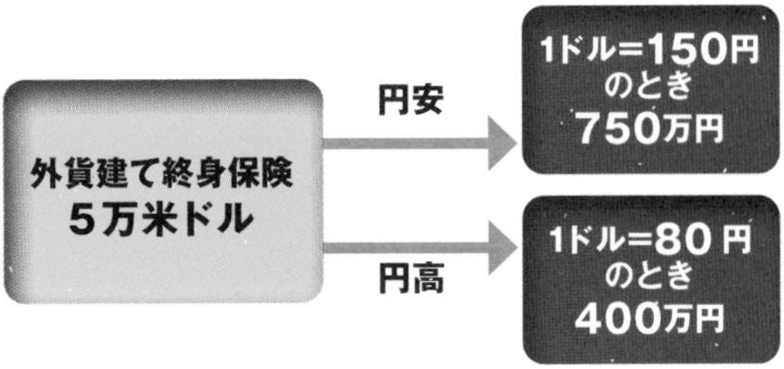

外貨建て終身保険 5万米ドル
円安 → 1ドル=150円のとき 750万円
円高 → 1ドル=80円のとき 400万円

め決められた基本保険金が支払われます。

このように運用状況が悪かったとしても、死亡保険金は減額されないので、死亡するまで解約しないのであれば**元本保証のある投資信託**ともいえるでしょう。資産運用のひとつとして活用できますが、投資信託と保険の手数料がダブルでかかります。

❖円安で儲かる外貨建て終身保険とは

外貨建て終身保険とは、保険料の支払いや保険金の受け取りを外貨で行う商品です。

利率は日本円建ての保険よりも高く、円で運用するよりお得とすすめられますが、それは間違い。なぜなら手数料が高いだけでなく**為替の影響を強く受ける**からです。たとえば、保険料を払うときに〝円高〟。保険金を受け取るときに〝円安〟になっている場合は、保険金が増えますが、反対に受け取り時が〝円高〟の場合は、払い込んだ保険料より少なくなります。

為替の動きは誰にもわかりません。外貨建て保険の死亡保険金は受取時まで、円建てでいくらになるのかはわからないのです。

オリックス生命

ライズ

喫煙者でも保険料は安い

特徴 低解約返戻金型の終身保険です。払込方法は、一定期間保険料を払い込む「短期払い」と「終身払い」があります。短期払いは、5・10・15・20年と50歳から80歳までの5歳刻みで選べます。「特定疾病保険料払込免除特則」をセットすると、特定疾病で所定の状態になった場合保険料の払込みが免除されます。

注意点 終身払いを選ぶとひと月当たりの保険料は安くなりますが、長生きをすればするほど合計での保険料は高くなっていきます。

保険料

	30歳	40歳	50歳	保険金額の例
男性	9,700円	15,640円	33,600円	死亡保険金：500万円、払込期間：60歳
女性	9,185円	14,805円	31,840円	

マニュライフ生命

こだわり終身保険 v2

保険料免除後の解約返戻金が増える点が「○」

特徴 低解約返戻金タイプの終身保険です。大きな特徴は「特定疾病保険料払込免除特則」にあります。これは、がん・急性心筋梗塞・脳卒中で所定の状態になった場合、保険料が免除されるもの。免除後の保険料は全額支払ったものとされ、解約返戻金が一気に上昇するというのがよい点です。特定疾病保障保険と似た機能を持っている終身保険だといえます。

注意点 特定疾病保険料払込免除特則をつけないと保険料はさらに安くなります。

保険料

	30歳	40歳	50歳	保険金額の例
男性	10,795円	17,340円	38,085円	死亡保険金：500万円、払込期間：60歳、非喫煙者保険料率、特定疾病保険料払込免除特則あり
女性	10,690円	17,075円	36,835円	

ソニー生命

バリアブルライフ

運用実績により保険金額が増減する

特徴 保険料を投資信託（8 種類）で運用する終身保険です。経済情勢や金利などの変化によって、死亡保険金額や解約返戻金額が変動します。死亡した場合は、運用の状況が悪いときであっても、契約時に定められた基本保険金額が保証されるしくみとなっています。

注意点 貯蓄を重視するならオプションA、保障を重視するならオプションBを選びましょう。

保険料

	30歳	40歳	50歳	保険金額の例
男性	10,590円	17,785円	40,605円	死亡保険金：500万円、払込期間：60歳、オプションA
女性	9,460円	15,935円	36,635円	

入院日額は1000円単位でチョイス

医療保険は入院1日につき何千円支払われるという一見、同じような商品に思えますが、細かい部分は各保険会社や商品によって異なっています。

1日当たりの入院給付金を選ぶとき、「5000円は少ないけど、1万円では保険料が高いな」と思っている人も多いのではないでしょうか。医療保険の日額は3000円から数万円まで1000円単位で選ぶことができます。

なかには「医療保険はいらないけど、先進医療の費用には備えたい」という声も耳にします。そういった場合には、**入院日額を3000円に設定すると、安い保険料で先進医療の費用にも備えることができる**のです。なお、SOMPOひまわり生命から、先進医療と臓器移植に限り、月額500円で保障する「リンクロス コインズ」という商品も販売されています。

医療保険の上手な活用法

自分にあった医療保険を考えるためには、**社会保険制度と医療保険のルールを理解したうえで選んでいく**ことが大切です。しかし、あくまでも**入院は貯蓄で備えるのが基本。**仮に3000円の保険料を40年間払い続ければ144万円にもなるからです。入院時に受け取れる金額はごくわずかでしょう。

とはいっても、子どもが小さかったり自営業者は会社員と違って傷病手当金（48ページ）がありません。

収入が途絶えるリスクには、就業不能保険で備えるとよいと思います。ですが、一般的な就業不能保険

◎医療保険の3つポイント

3つのポイント	具体例	注意点
どんなとき	入院に備えたい	傷病手当金は受け取れるか？ 会社独自の給付はあるか？ 貯蓄を活用することはできないか？ 高額療養費の存在を忘れずに！
いくら	3,000円～ 数万円	自営業者なら、医療保険を検討してもよい。 差額ベッドに備えたい場合も。
いつまで	●子どもが独立するまで ●老後の医療費の補てん	一定期間に的を絞ったほうが賢いのでは？

は保険金が支払われるまで60日などの待ち期間があります。チューリッヒ生命の「くらすプラスZ」の短期給付金は10日以上が対象です。

日額1万円ほどの入院給付金を用意したい場合でも、1万円の全額を医療保険に加入する必要はありません。以前私は、**都道府県民共済に加入**していました。現在は医療保障には加入していません。なぜなら、保険料を払うより自分で貯蓄をした方が賢いと気がついたからです。保険に入る、入らないなど働き方やライフスタイルに応じた医療保険を設計していくことが何よりも大切です。

老後の医療費を心配するあまり、終身保障の医療保険に人気が集まっています。特に若い人の場合、遠い将来のことを、今の保障内容で決めてしまうことはおすすめできません。

この先、医療を取り巻く環境や技術が変わっていくでしょう。それに応じて医療保険も変化していくはずです。

そもそも大きな保険料で小さな保障の商品は必要ないでしょう。

ななぃろ生命

なないろメディカル礎

特定疾病の範囲が広い

特徴　なないろ生命は朝日生命グループです。退院後に通院した場合にも一時金を受け取ることができます。

特定疾病保険料払込免除特則は、がん・心疾患・脳血管疾患で所定の状態のときに保険料が免除されるだけでなく、疾病で20日超継続入院をし、かつその入院中に手術をしたときも対象です。

注意点
特定疾病保険料払込免除特則は、疾病で20日超継続入院をし、かつその入院中に手術したときも対象です!

保険料

	30歳	40歳	50歳	保険金額の例
男性	1,725円	2,309円	3,326円	入院日額：5000円　60日型　終身払い 8大疾病入院延長特則、先進医療・患者上司で療養特約、入院一時金特約5万円など
女性	1,883円	2,113円	2,824円	

都道府県民共済

入院保障型

コストパフォーマンスを考えるなら日額1万円の入院給付金を掛金2,000円で

特徴 60歳までの入院は日額1万円、1入院当たり、病気が124日、けがの場合は184日までの保障を得ることができます。手術給付金や先進医療は150万円まで。決算後、剰余金があるときは割戻金でキャッシュバック。2020年度における都民共済は、39.77%。割戻金を差し引いた後の掛金は、1ヵ月当たり1,205円になります。死亡保障も含めたい場合には、総合保障型を選ぶとよいでしょう。

注意点
老齢時の保障が少ないため、掛金が安くなっています。1万円は60歳まで、65歳までは7,500円です。

保険料

	30歳	40歳	50歳	保険金額の例
男性	2,000円	2,000円	2,000円	入院日額=1万円、手術2.5、5、10万円、 先進医療1～150万円、死亡10万円
女性	2,000円	2,000円	2,000円	

チューリッヒ生命

終身医療保険プレミアム Z

就業不能にも備えられる

特徴　基本プランは入院と手術ですが、通常の医療保険では特約にあたる放射線治療給付金、骨髄ドナー給付金、先進医療・患者申出療養給付金、先進医療・患者申出療養支援給付金が含まれています。

オプションも充実しており、入院一時金や痰飲後通院一時金など 7 種類を用意しています。

注意点
ストレス性疾病入院延長特約は、入院が長期化しがちなストレス性疾病に対応しています。

保険料

	30歳	40歳	50歳	保険金額の例
男性	1,654円	2,274円	3,379円	入院日額：5000円　60日型　終身払い ストレス性疾病延長入院特約、先進医療・患者申出療養特約、入院一時金特約5万円など
女性	1,599円	1,859円	2,524円	

メディケア生命

新メディフィット A

特約が豊富。がんや介護にも

特徴　主契約には放射線治療や骨髄移植などが含まれています。オプションは 14 種類と豊富で、特におすすめは継続入院・在宅療養収入サポート給付金です。これは、入院・在宅療養状態または特定入院・在宅療養状態を 30 日以上継続したときが対象。収入減に備えることができます。

注意点
通院治療特約は、退院後 5 年間は支払い日数無制限で保障してくれます。

保険料

	30歳	40歳	50歳	保険金額の例
男性	1,700円	2,300円	3,240円	入院日額：5000円　60日型　終身払い 特定8疾病入院無制限給付特則,先進医療・患者上司で療養特約、入院一時金特約5万円など
女性	2,585円	2,715円	3,495円	

❖保険治療で十分だけど先進医療を受けたいかも

がん保険の最大の特徴は「がん診断給付金」の存在でしょう。診断給付金はさまざまな用途に使うことができます。

がん保険のなかには抗がん剤治療が主契約になっていたり、入院給付金のない商品も存在します。

このように一口にがん保険といってもさまざまなタイプがあります。実際に商品を選んでいくときは、**「がんになった場合、どうのような治療を受けたいか？」**を考えてください。

がんの治療には高額な医療費がかかると思われていますが、医療費のほとんどは健康保険の対象です。

がん治療の基本は手術、抗がん剤治療、放射線治療の3つ。

最近では、抗がん剤や放射線治療の保障をメインに打ち出している商品が増えてきました。

一方、**陽子線や重粒子線治療は放射線治療の一種ですが、健康保険を使えないのでこれらの治療は全額が自己負担**になります。

もし、加入中の医療保険に先進医療がついている場合には、がん保険に先進医療をつける必要はありません。医療保険であれば、どんな病気であっても給付の対象となるからです。

また、**ライフネット生命の「ダブルエール（プレミアム）**のように、がんにかかったときの収入ダウンに備えられる商品もあります。

現在、厚生労働省は「がんとの闘いに終止符を打つ」として、**がんゲノム医療**に力を注いでいます。この医療は要件を満たせば健康保険を使えますが、大部分は

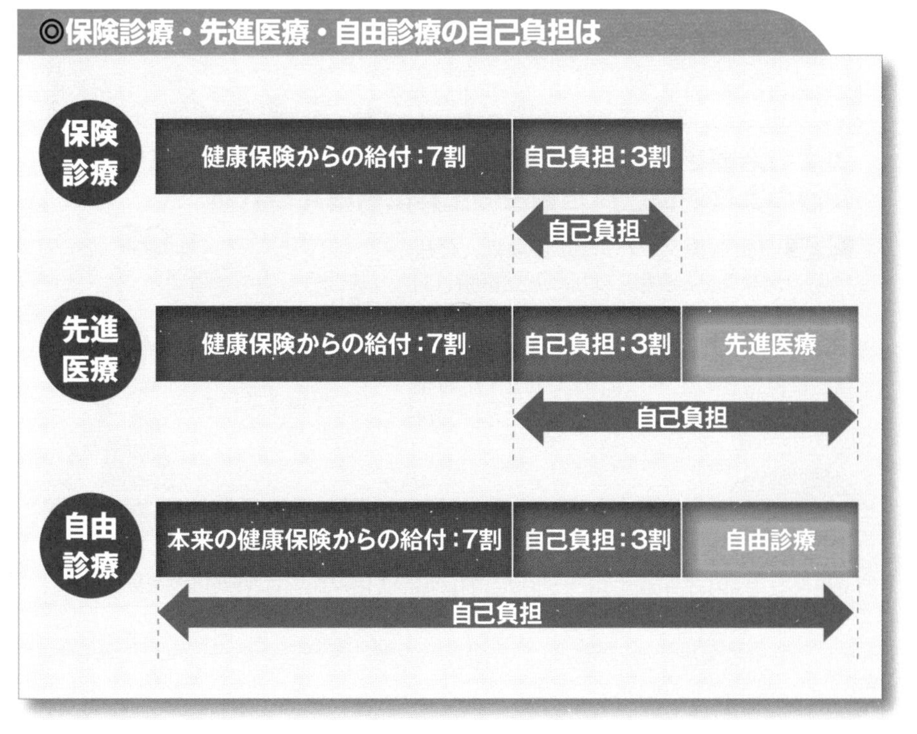

自由診療。**自由診療の場合、健康保険はまったく使えない**ので、すべての医療費が自己負担となってしまいます。

自由診療に備える場合は、医療費を全額負担してくれるタイプのがん保険がよいでしょう。自由診療時の抗がん剤治療給付金が通常の2倍受け取れる商品もあります。また、タバコを吸わない人専用、乳がんになった人専用のがん保険もあります。

❖フレキシブルに対応できる「診断給付金」

がん診断給付金を多めに設定していれば、ある程度の治療や収入の減少にも対処できます。

しかしがん治療は日々変化をしています。

「将来、どんな治療を受けるのか？」といわれても、そもそも新しい治療法や薬は、これから開発されるのです。

どんな治療であっても、臨機応変に活用できる自由診療が対象となる保険を選んだり、診断給付金を、300万円程度受け取れるようにするなど工夫をしましょう。

SBI損保

がん保険 自由診療タイプ

通常の治療をはじめ、先進医療、自由診療までを網羅 物価の上昇や自己負担割合の上昇にも備えられる

特徴 自由診療タイプのがん保険は、健康保険の対象となる治療をはじめ先進医療、自由診療までを網羅。これから開発されるであろう新しい治療法はもちろん、物価の上昇や自己負担割合の上昇にも備えられます。希望によりがん診断一時金をセットすることもできます。

注意点 5年ごとに更新があり、保険料はアップします。終身での保障はなく、90歳まで自動更改されます。

保険料

	30歳	40歳	50歳	保険金額の例
男性	923円	1,287円	2,351円	診断給付金なし、入院治療費：全額　通院治療費：1,000万円（5年間） 5年更新
女性	1089円	1,931円	2,973円	

アフラック

「生きる」を創るがん保険　WINGS

実際にがんにかかったときの治療に強い 通院も無制限

特徴 多くのがん保険は、上皮内新生物の範囲が狭いのですが。この保険は上皮内新生物の前段階である中等度異形性から支払いと、範囲が広いことが特徴です（P95 ）。がん要精検後精密検査給付金は、健康診断などで再検査を求められた場合、2万円が支払われます。胃がん、子宮頸がん、肺がん、乳がん、大腸がんが対象です。

注意点 がん要精検後精密検査給付金は、便潜血検査で陽性時の内視鏡検査などが対象です。

保険料

	40歳	50歳	60歳	保険金額の例
男性	3,374円	4,858円	7,133円	診断給付金50万円（上皮内新生物5万円）、特定診断給付金50万円、入院通院給付金1万円、がん要精検後精密検査給付金2万円、がんゲノムプロファイリング給付金10万円、先進医療、通院給付金1万円、治療給付金10万円
女性	3,642円	4,924円	5,917円	

オリックス生命
がん保険 Wish

がん診断一時金が最大 600 万円

特徴 「Wish」は、まとまった一時金で、最高600 万円までの金銭的リスクをカバー。一定期間を保障する保険なので、責任の重い時期にぴったり。試算は 10 年更新型で行いましたが、最高 70 歳まで保障されます。
定期保険と同じく、年満了と歳満了があり、参考までに 30 歳男性が 60 歳までの保障に加入した場合の保険料は、2081 円です。

注意点
がん一時金と悪性新生物初回診断一時金を合わせて、300 万円で試算しました。

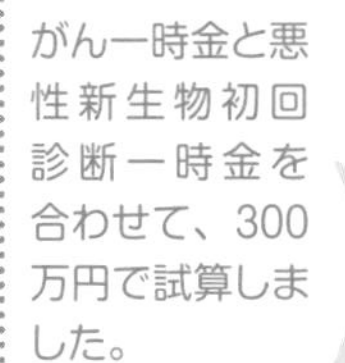

保険料

	30歳	40歳	50歳	保険金額の例
男性	1,549円	2,153円	4,563円	がん一時金100万円、悪性新生物初回診断一時金200万円、がん先進医療特約、10年更新
女性	2,322円	3,433円	4,611円	

FWD 生命
FWD がんベスト・ゴールド

診断給付金に治療給付金もプラス可能

特徴 最高 300 万円のがん診断給付金を再発や転移、通院での治療等、治療が続く限り、1 年に 1 回を限度に何回でも受け取れます。上皮内新生物も保障されます。診断給付金を 5 万円、抗がん剤治療などの特約を付けることで、加入中のがん保険の上乗せにも。
特約には、がん治療給付金特約や自由診療抗がん剤特約、女性がんケア特約などがあります。

注意点
がんと診断されると最高 300 万円を受け取れます。抗がん剤治療は、特約で備えられます。

保険料

	30歳	40歳	50歳	保険金額の例
男性	7,736円	12,295円	20,443円	診断給付金300万円、治療給付金特約10万円、先進医療特約、自由診療抗がん剤特約
女性	7,731円	10,545円	13,771円	

学資保険

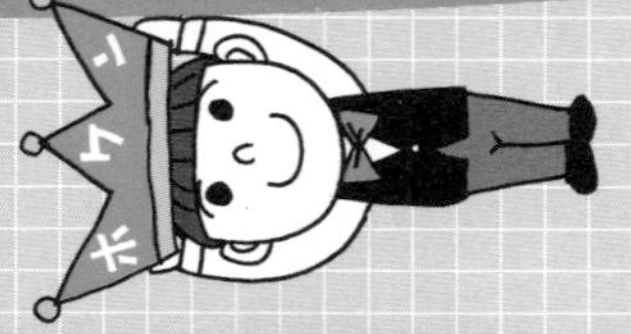

戻り率って何？

昔であれば、学資保険に加入すると効率的に学資金の準備ができたものですが、史上最低金利を更新中の今、学資保険でお得に貯めるのは難しい状況にあります。

学資保険は世帯主の死亡に対する保障を兼ねていますから、保障に対する代金が発生します。純粋な積み立てを行う商品とはしくみが違います。

かんぽ生命の学資保険など、払込保険料よりも学資金が少なくなる学資保険も数多くあります。わずかですが、学資金のほうが多くなる商品もあります。

学資保険の場合、「利回り」ではなく「戻り率」という表現をしています。18年満期の学資保険で説明しましょう。

◎**利回り**…18年後に受け取る学資金が保険料に対して、**1年当たり何％増えたのか？**を表したもの。

◎**戻り率**…18年後に受け取る学資金が保険料に対して、**18年間当たり何％増えたのか？**を表したもの。

たとえば、「戻り率」が103％と書いてあったら学資金は保険料の合計よりも3％増えたということ。

3％ですと、保険料194万円を払って学資保険200万円を受け取れます。

ではいったい利回りは何％なのでしょうか。

1年に10万7760円を0・36％の利回りで積み立てると、ちょうど18年後に200万円になります。

10年定期預金の金利が0・002％、個人向け国債の変動10年が0・39％（2023年8月発行）と比べてみると、0・36％という利回りは低いですよね。

◎利回りと戻り率の違い

利回りと戻り率では、その数値のとらえ方に大きな違いがあるのです。

	利回り	戻り率
利　率	0.36%	103%
意　味	18年間で積み立てた保険料が、満期金200万円に対して、1年当たり何%増えたか？	18年間で積み立てた合計保険料が、満期金200万円に対して、18年間で何%増えたか？
計算方法	1年当たりの107,760円を0.36%の利回りで積み立てると、18年後には2,000,241円になる	$\frac{200万円}{193.968万円}\times 100$ =1.0310… 約103%

103%のうち、100%は保険料の194万円。3%の6万円が18年間で増えた分です。

⁘金利の上昇も考慮に入れて

残念ですが、現在はよい利回りの金融商品は見当たりません。しかし、変動金利の商品なら、この先金利が上っても一緒に上っていきます。すでに物価や金利が上昇しています。

さらに、大学の費用も上昇することを忘れてはなりません。文部科学省の調査によると、私立大学の平均授業料（2021年度）は93万円です。少子化ですから、学費はこの先も値上がりするでしょう。

学資金のすべてを保険に頼るのではなく、変動10年の個人向け国債や投資信託など**他の商品を利用しつつ、一部を学資保険へ振り分ける**というのは、授業料の値上がりに備えたひとつの方法です。教育費を貯める基本は貯蓄です。そんなことを考えたうえで、商品を選んでください。

まずは学資金を「いつ」、そして「いくら」準備するのかを検討することからスタートしましょう。

日本生命

ニッセイ学資保険

大学入学時と在学中の学資金を分割して受け取るタイプの商品

特徴 大学在学中の学資金を中心に貯めるプランと、小・中・高の入学時に「こども祝い金」を受け取れるプランの2種類があります。効率的に貯めるのが目的なら、大学の学資金に的を絞ったほうが戻り率は高くなります。払込期間は、5年、10年、17年、18年から自由に選ぶことができます。払込期間は短いほうが戻り率は高くなります。

注意点
こども祝い金は自動的に据置きになります。引き出す場合は、請求が必要です。据置いた場合はその分利息がつきます。

保険料

30歳男性	40歳男性	50歳男性	保険金額の例
13,350円	13,520円	46,500円	受取総額=300万円。子ども年齢=0歳、18歳学資年金開始、祝い金なし、保険料払込期間18年、50歳は5年

ソニー生命

学資保険

いつ学資金を受け取りたいのかによって3つのプランから選ぶ

特徴 Ⅰ型は中学と高校進学時に進学祝い金を受け取れるタイプ。Ⅱ型は18歳時に一括払いされるタイプです。Ⅲ型は、大学入学時と在学中の学資金を5回に分けて受け取れるプランです。保険料の支払いは10歳までや、18歳までなど複数の中から選ぶことができます。試算は0歳0ヵ月から18歳まで払い込む前提です。

注意点
多くのタイプがあるので、プランを選ぶのに大変な面があります。

保険料

30歳男性	40歳男性	50歳男性	保険金額の例
13,470円	13,650円	16,350円	Ⅱ型　受取額=300万円。子ども年齢=0歳、18歳学資年金開始、払込期間18年、50歳は15年

COLUMN

学資金をお得に貯める方法はない？ 戻り率のからくり

◇受け取るタイミングで戻り率は変化

低解約返戻金タイプの終身保険や長期の定期保険を活用して、学資金を貯めるという方法がもてはやされたことがありました。

しかし、現在は学資保険でも、終身保険でも、積立利率が大幅にダウンしたことで、保険ではそう大きく増えることはありません。

学資保険を選ぶ場合、戻り率の高さで比べてしまいがちですが、実はこの「戻り率」もあてにはならないのです。なぜなら、**いつ学資金を受け取るかによって、戻り率が変わってくる**からです。

たとえば、①18歳時に満期学資金を受け取る商品と、②22歳までの在学中に学資金を受け取る2つの商品があったとします。払い込みをする期間や親子の年齢、性別などすべて同じ場合、①の18歳満期と②の22歳満期では、どちらの戻り率が高いと思いますか？

答え：②の22歳満期です。

学資金を受け取るタイミングが遅くなればなるほど、保険会社に保険料を預けている期間が長くなるので、戻り率は高く計算されます。つまり**単に戻り率が高ければ、その保険がお得というわけではありません。**

同じソニー生命の学資保険を総受取額が200万円として、受取り方による戻り率の違いを計算しました。
親子の生年月日も性別も同じですよ。

学資金の受取方	18歳時一時金	18歳から22歳まで1年につき40万円×5回
保険料	8,980円	8,844円
払込保険料総額	1,939,680円	1,910,304円
戻り率	約103.1%	約104.7%

❖介護保険は貯蓄の補てん

「介護費用はどのくらいかかるか?」「介護状態になったら誰に面倒は見てもらうか?」など、老後の不安が話題にあがります。長生きするのは喜ばしいことではありますが、不安材料をあげるときりがありません。

生命保険文化センターの調査によると、介護にかかる期間の平均は5年1カ月。介護費用の平均は月額8・3万円でした。この8・3万円は在宅介護を含めた金額なので、施設に入居することを考えると、最低でも15万円くらいかかるでしょう。

介護に限らず**すべての基本は貯蓄です。その上乗せとして介護保険が存在するわけです。**そもそも介護費用のすべてを介護保険でまかなおうと思ったら、かなり高額な保険料になってしまい、生活に支障がでてしまします。

民間介護保険を選ぶうえでのポイントは3つ。

Ⓐ保障のタイプ ①掛捨てタイプ、②貯蓄タイプ

Ⓑ保険金のタイプ ①年金受取、②一時金受取、あるいは③併用

Ⓒ支払い条件 ①公的介護保険連動、②独自基準、あるいは③併用

どのタイプの保険を選ぶのかによって、保険料は異なります。掛捨てタイプは貯蓄タイプよりも割安ですし、保険金の支払い基準が低ければ保険料は割高です。

❖介護保険はまだ発展途上

終身保障の介護保険は、一般に保険料を終身で支

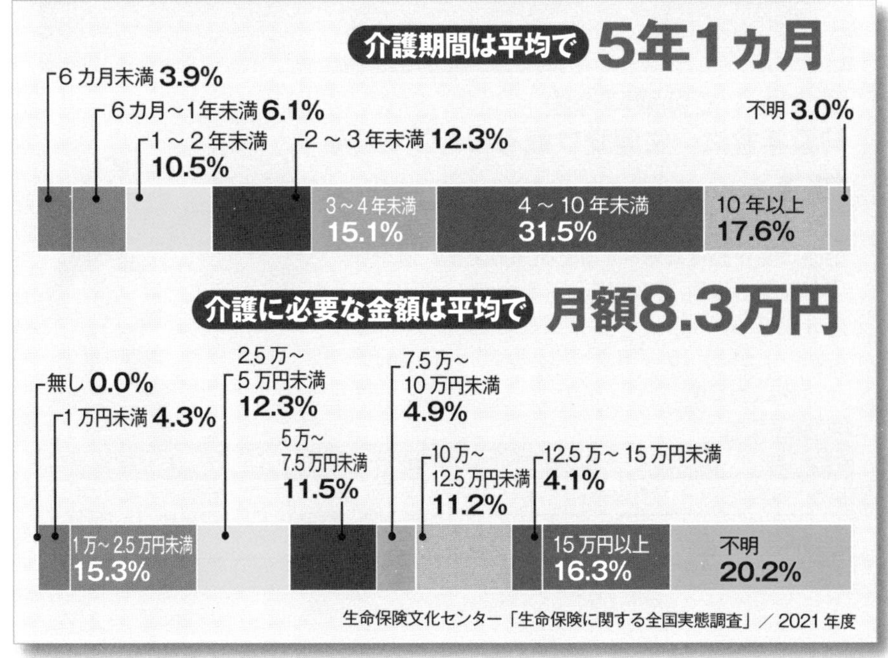

払います。長生きをすればするほど保険料の合計が高くなりますが、一定の介護状態になった場合、保険料が免除される商品もあります。死亡保障やお祝い金などがセットされている商品は割高になります。

一般に掛捨てタイプは損だと考える人が多いようですが、貯蓄タイプが得だとも言い切れません。

というのも掛捨ての年金タイプは要介護状態が続く限り支払われます。一方で、貯蓄タイプは基本的に1度きりだからです。

介護保険はまだ発展途上。将来はもっとよい内容の商品が発売されるだろうと予想しています。保険は時代の状況によって変化する商品だからです。

また、介護保険に加入するのではなく、医療保険などに介護特約をつける方法もあります。一時金や年金、あるいはその両方を選べる商品もあります。

介護保険へ加入するのもひとつの方法ですが、保険に頼るのかどうかを検討してください。基本的に若い人は介護保険に加入する必要性は低いものです。事故などによる介護が心配な場合は、就業不能保険に加入するとよいでしょう。

朝日生命

あんしん介護

要介護 1 で保険料免除
介護年金は一生涯受け取ることができる

特徴 公的介護保険の要介護1から年金を受け取れ、保険料が不要になるのはこの保険だけ。年金額は要介護度に応じて増えるしくみです。基準介護年金額が60万円の場合、要介護1：20万円、要介護2：30万円……要介護5で60万円と介護度が1上がると10万円ずつ増えます。一時金は要介護3以上です。

注意点
軽度介護状態（要支援2以上）や認知症に特化したラインアップもあります。

保険料

	40歳	50歳	60歳	保険金額の例
男性	6,340円	8,845円	14,191円	介護一時金：300万円　介護年金：60万円、保険期間・保険料払込期間：終身、積立部分（100円）含む
女性	9,193円	13,126円	21,349円	

アフラック

アフラックのしっかり頼れる介護保険

要介護 1 と2は一時金、3以上は年金で備える

特徴 この商品は、比較的軽い公的介護保険の要介護1と2は一時金で備え、要介護3以上になると年金を受け取れるようになっています。

要介護1以上と認定されると、以後の保険料の支払いが免除されます。

注意点
介護相談、財産管理、あるいは相続に関するサービスを割引価格で利用できます。

保険料

	40歳	50歳	60歳	保険金額の例
男性	2,610円	3,640円	5,780円	自由プラン。介護年金：要介護5=30万円、要介護4=20万円、要介護3=10万円、要介護2・1=一時金50万円　保険期間：終身、終身払い
女性	3,390円	4,920円	7,750円	

SOMPOひまわり生命
健康のお守り（介護一時金特約）

要介護１で一時金が出る医療保険の特約

特徴 医療保険の特約として介護一時金をつける方法です。1日あたりの入院給付金を3,000円に設定して、より安く備えられるように試算を行いました。この方法だと、通常の介護保険や認知症保険よりも保険料が安くなる場合もあります。
要介護１で一時金が支払われるのもよい点です。

注意点 一時金は500万円まで選ぶことができます。

保険料

	40歳	50歳	60歳	保険金額の例
男性	2,944円	4,438円	7,160円	入院日額:3000円　60日　介護一時金（要介護1）：100万円　介護年金（要介護3以上）：36万円　保険期間：終身、終身払い
女性	3,397円	5,095円	8,828円	

生きるんじゃ
スマイル短期少額保険

支払い基準はきびしいが、保険料は安い

特徴 保険金の支払いは、要介護4または5に該当する状態になったときが対象。

保険金は、要介護4・5、あるいは身体障害１級と２級の障害が残ったときに重度障害保険金を受け取れます。１年更新なので、毎年保険料がアップします。84歳男性の保険料は23,028円です。

注意点 要介護、障害状態にならずに、死亡したときには一括して死亡保険金を受け取れます。

保険料

	40歳	50歳	60歳	保険金額の例
男性	707円	1,179円	2,192円	保障額一定プラン：100万円　1年更新
女性	570円	783円	1,149円	

COLUMN

軽度認知障害（MCI）は治る？

◆早期発見で発症を防ぐことができる

MCI（軽度認知障害）とは、健常者と認知症の中間を指す言葉です。日常の生活を送る分には支障ありませんが、そのまま治療せずに過ごすと、40％の人が約5年でMCIから認知症に進行するといわれています。

MCIと診断されても適切な予防や治療を行った場合、認知症の発症を遅らせることができるそうです。**アルツハイマー病**は、代表的な認知症です。

MCIスクリーニング検査は、アルツハイマー病の前段階であるMCIのリスクを測る血液検査です。現在のところ、認知症を完治させる薬は存在しませんが、症状の進行を一定期間防ぐ薬は存在します。折りしも2023年9月エーザイ製薬の認知症の進行を抑える薬「レカネマブ」が厚生労働省に承認されました。大切なことは認知症が発症する前に発見し、予防すること。

一般的なMCIスクリーニング検査の費用は、税別で2万円程度。MCIの検査費用を保障する商品も存在します。

認知症保険

❖5人に1人は認知症を発症する

もしも、自分が認知症になってしまったら？

認知症に備えて、認知症保険に加入したいというニーズが増えています。国の統計では認知症患者が2025年には730万人に達し、65歳以上の5人に1人になると予測しています。

認知症とは、記憶障害のほかに、失語、失行、失認、実行機能の障害が1つ以上あることがあげられます。加えて、社会生活あるいは職業上に支障をきたし、以前の能力レベルと比べて、明らかな低下が見られる状態を指します。

要介護に認定される理由で、1番多いのが認知症になったことです。

認知症になる人が多くなったことを受けて、多くの認知症保険が発売されるようになりました。

介護保険と同じく、一時金タイプ、年金タイプ、あるいは併用タイプがあります。

介護保険は認知症を含めて保障されますが、認知症保険は認知症のみです。保険ですから、認知症と診断されないと、1円も受け取ることはできません。

認知症の介護費用は、認知症でない介護費用と比べて高くなりがちですが、介護費用のすべてを保険でまかなうことは、無理があります。保険はみんなでお金を出し合う助け合いでしたね。介護や認知症に備える基本は、公的年金や貯蓄です。認知症保険を選ぶ場合には、その上で保険料が家計の負担にならないように慎重に考えてください。まずはご自身の貯蓄と年年、そして公的介護保険の給付内容を確認することからスタートしましょう。

朝日生命

人生 100 年時代の認知症保険

ネット専用保険だから、保険料が安め

特徴「人生 100 年時代の認知症保険」は、一時金で備える朝日生命のネット専用商品。器質性認知症と自立度判定基準がⅢ以上などのとき保険金を受け取れます。器質性認知症のみと診断されたときは、認知症診断一時金として 10%を受け取れます。

試算は認知症介護一時金を 100 万円で行いましたが、200 万円の場合には、保険料は 2 倍となります。最大 1000 万円まで加入することができます。

注意点
一時金で備えるネット専用の保険。保険料がアップしないので、安心です。

保険料

	40歳	50歳	60歳	保険金額の例
男性	（435）円	671円	1,120円	認知症介護一時金：100万円　認知症診断一時金：10万円　保険期間：終身、終身払い ※取り扱い保険料500円から
女性	504円	775円	1,274円	

朝日生命

あんしん介護　認知症保険

要介護 1 と認定されると、以後の保険料は免除される

注意点
特約で軽度認知障害（MCI）もカバーしてくれます。

特徴 MCI を含めた認知症を保障してくれます。公的介護保険の要介護 1 に認定されると、以後の保険料の払い込みは不要になります。受け取り方法は年金と一時金の 2 つのタイプがあります。両方を併用しても OK。
年金は、要介護度に応じて金額が異なっています。

保険料

	40歳	50歳	60歳	保険金額の例
男性	5,528円	8,049円	13,254円	認知症介護一時金：500万円　認知症介護年金：60万円、軽度認知症外給付金：10万円　積立部分：100円　保険期間：終身、終身払い
女性	7,784円	11,596円	19,130円	

太陽生命

ひまわり認知症予防保険

1年後から予防給付金が受け取れる！

特徴 MCIスクリーニング検査に着目したのが太陽生命の「ひまわり認知症予防保険」です。加入1年後から、2年ごとに、認知症予防給付金を受け取ることができます。1万円から設定できますが、2万円以上にしておきましょう。なぜならMCIの検査には健康保険が使えず、2万円程度の費用がかかるからです。

注意点 2年に1回、MSIの検査を受けて、認知症にならないようにしましょう。

保険料

	40歳	50歳	60歳	保険金額の例
男性	2,552円	2,421円	3,394円	認知症診断一時金：100万円　予防給付金：1万円、死亡保障:25（40歳は50）万円、保険期間:終身、終身払い、スマ保険で加入した場合
女性	2,854円	3,008円	4,370円	

SOMPOひまわり生命

笑顔をまもる認知症保険

SOMPO笑顔倶楽部のサービスが充実している

特徴 認知症に加えてMCIと診断確定されたときに一時金を受け取ることができます。限定告知なので、簡単な告知で加入することができますが、加入から180日間は保障されません。骨折や、災害死亡の保障もあり、介護一時金や介護年金などの特約もあります。
認知症サポートSOMPO笑顔倶楽部では、予兆を把握するチェックサービスと、認知機能低下の予防に対する取組みを支援してくれます。

注意点 要介護1で一時金の支払い。要介護3以上で年金が支払われるオプションもあります。

保険料

	40歳	50歳	60歳	保険金額の例
男性	1,965円	2,410円	3,430円	認知症一時金：100万円 軽度認知症：5万円 骨折：5万円　保険期間：終身、終身払い、
女性	2,110円	2,840円	4,335円	

就業不能保険

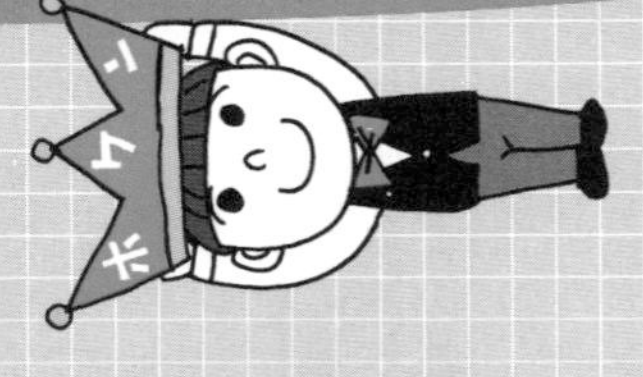

❖働けないというリスクに備える

保険の基本は死亡に備えること。入院するリスクに対しては、貯蓄で備えるのでしたね。

では、こんなケースはいかがでしょうか。

「重い病気で長い間、自宅で療養をしている」

「事故にあって後遺症が残ってしまい、仕事を続けることができない」

会社員であれば、健康保険から1年半にわたって傷病手当金が支払われますから、いきなり生活が困窮するという事態には陥りません。しかし、自営業者の場合、困ったことになってしまいます。

こんな「働けない」というリスクを保険で対処することが可能です。

就業不能保険や**所得補償保険**と呼ばれている保険は、病気やケガで働けなくなるリスクに備えることができます。

❖最大の違いは受取期間

では、この2つの保険の違いは何でしょうか。

就業不能保険は原則として、**生命保険会社が取り扱っている商品**です。

一方、**所得補償保険は損害保険会社が取り扱っている商品。**注意が必要なのは、保険金を受け取れる期間が1年や2年間など短いケースがほとんどであることです。

この2つの**最大の違いは保険金を受け取れる期間**にあるといえます。たとえばＳＢＩ生命の**「働く人の**

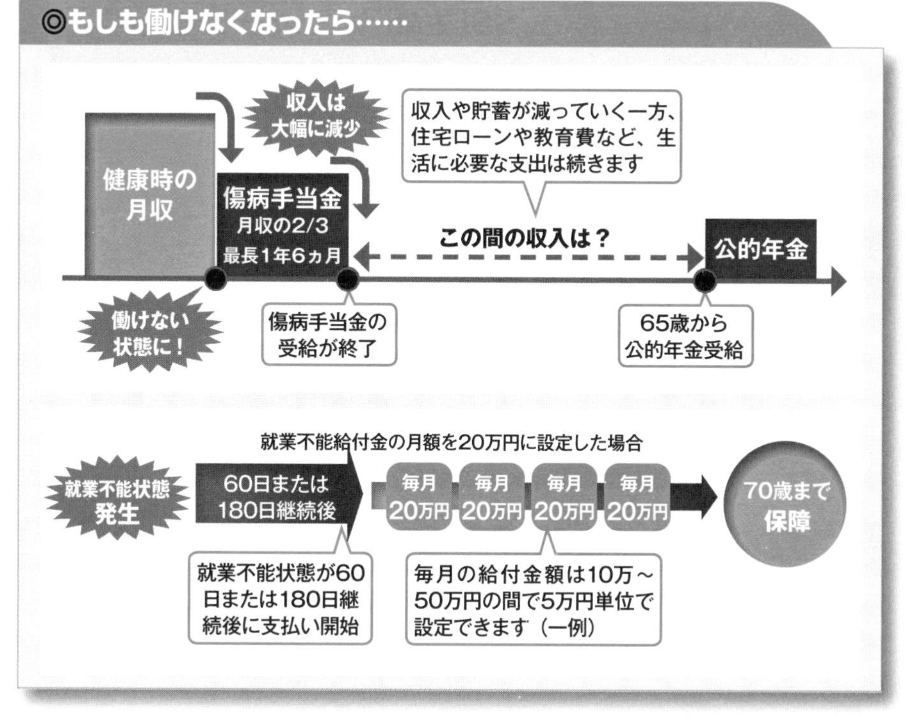

たより」は、最長70歳まで保険金を受け取ることができます。就業不能状態が継続している間、毎月給付金が支払われます。全疾病型であれば、精神疾患も対象となります。新型コロナの影響もあって、急増する精神疾患。働けない期間も長引きがちです。

このように長期間にわたる収入の減少など、貯蓄で対処できないリスクにこそ、保険は大いに役に立つといえるでしょう。

そのほか、アクサダイレクト生命**「働けないときの安心」**など、多くの商品が存在します。商品によっては一定の精神疾患も対象です。精神疾患の場合は、60日以上の入院に限るなど、他の傷病より保険金の支払い基準が厳しくなっている商品もあるので注意しましょう。

三井住友海上あいおい生命は、**「くらしの応援保険」**や、**「&LIFE　新総合収入保障保険ワイド」**の2つの商品が、就業不能を保障しています。支払いの基準は、国民年金の障害等級1級や2級に該当することと少し厳しめ。商品によって保障内容はもちろん、支払いの条件など様々です。

SBI生命

働く人のたより

3種類の保障範囲から選べる

特徴「働く人のたより」の保障は、全疾病型・3疾病型・がん保障型の3種類。精神疾患を含めて保障するタイプは全疾病型です。3疾病型は、がん、急性心筋梗塞、脳卒中が対象となり、がん保障型はがんのみが対象です。ハーフタイプを選ぶと、就業不能になってから、540日までの給付金が半額となります。540日とは、傷病手当金が支払われる期間と考えてください。

注意点 支払対象外を180日にするとより保険料が安くなります。保障は最長70歳まで。

保険料

	30歳	40歳	50歳	保険金額の例
男性	2,775円	3,405円	4,410円	就業不能給付金月額=15万円。所定の状態が続き60歳になるまで。支払対象外期間：60日。標準Aタイプ
女性	2,655円	2,970円	3,525円	

アクサダイレクト生命

働けないときの安心

うつ病などの精神疾患にも備えられる

特徴 病気やケガ、または精神疾患で働けなくなったときの生活費を毎月サポートしてくれます。入院や在宅療養の支払対象外期間である60日を過ぎると、契約した就業不能給付金を受け取ることができます。
ハーフタイプ（初期支払消滅特約）もあります。

注意点 収入に応じて保障額5万円～50万円の範囲内で選びます。

保険料

	30歳	40歳	50歳	保険金額の例
男性	3,200円	3,860円	4,940円	就業不能給付金：15万円、60歳まで、支払対象外期間60日、満額タイプ
女性	2,705円	3,380円	3,965円	

チューリッヒ生命
くらすプラスZ

短期の給付金は、在宅療養と入院が10日以上となったら受け取れる！

特徴 この商品は「短期」と「長期収入サポート月額給付金」の2階建て。短期は、同一月に在宅療養と入院あわせて10日以上となった場合が対象。最高60回まで。長期は、障害等級2級（精神障害は除く）などに該当した場合が対象。いったん長期の給付金の支払いが始まると、保険期間が終わるまで給付金を受取れます。最高、75歳まで。なお、長期だけでも加入できます。

注意点
死亡保険と違って、年齢が上がると保険料が下がります!

保険料

	30歳	40歳	50歳	保険金額の例
女性	6,140円	4,620円	3,340円	短期収入サポート月給付金：10万円、長期収入サポート月額給付金：20万円、60歳満了
男性	4,020円	3,160円	2,180円	

ライフネット生命
働く人の保険3

14日以上の入院にも一時金で備えられる

特徴 働く人の保険3は、就業不能保険金に加えて、入院見舞金（14日以上）一時金がセット。精神疾患就業不能一時金は、入院、または1級･2級の障害等級に該当することが要件。復帰支援一時金は、月額の3倍。社会復帰するときの経済的な不安を、和らげることができるでしょう。

注意点
業界初。復帰支援一時金は、復帰後の時短勤務など経済的な不安を解消します。

保険料

	30歳	40歳	50歳	保険金額の例
男性	3,411円	4,154円	4,889円	就業不能給付金：15万円、精神疾患就業不能一時金：45万円、入院見舞金（14日以上）：10万円/1回につき　60歳満了　標準タイプ、支払対象外期間：60日
女性	3,067円	3,382円	3,689円	

共済

✣共済とは

死亡保障や医療保障を提供しているのは生命保険ばかりではありません。

共済というしくみをご存知でしょうか。共済は「互いに助け合う」といった意味を持つ言葉で、組合員がお金を出し合って運営をしています。

基本的に保険と同じではありますが、共済の場合、営利を目的としていません。組合員が組合員のために自ら運営することを通じて、事業を行うしくみです。保険会社は、株主や社員（契約者）への配当を目的とする営利事業ですから、この点が大きな違いだといえるでしょう。

一口に共済といっても、その種類は数多くあります。代表的な共済は、都道府県別に運営している共済です。東京都なら都民共済、大阪府なら府民共済、埼玉県なら県民共済といいます。保障される内容は、埼玉県民共済を除いて一律になっています。

そのほかCO・OP共済、こくみん共済coop(全労済)、JA共済などが有名です。また、交通事故の補償など自治体が行っている共済もあります。

共済によっては生命保険分野、医療保険分野、そして損害保険分野のすべてを網羅している場合もあります（左図）。

✣共済の実力

共済というと、「安い」というイメージがあります。これは正しい面もありますし、間違っている面もあります。

共済が安いといわれる理由は、保障される金額が

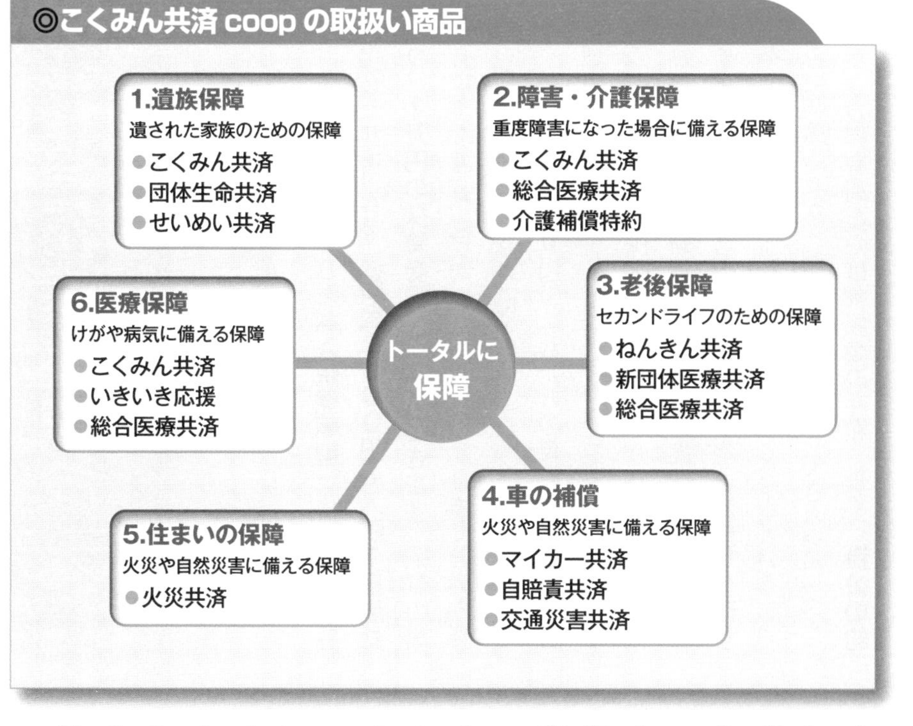

小さいこと、そして一定の年齢までに限られているからです。保障額が小さいので、独身ならいざしらず、働き盛りの会社員は物足りないことも。そんな場合は他の商品と組み合わるとよいでしょう。

終身共済（終身保険）や定期共済（定期保険）、年金共済（個人年金保険）など、普通の保険と同じ保障の場合は、共済よりも**保険商品の保険料のほうが安い場合が多い**ようです。

死亡保険は生命保険に加入して、医療は共済をチョイスするなど、メリハリをつけていきましょう。両方のいいとこどりをして賢く備えていくことがポイントです。

子ども、特に男の子は生傷が絶えません。しょっちゅう病院通いをしているお母さんも多いのではないでしょうか。そんな人に**共済の子ども向けはオススメ**です。傷害での通院は1日目から2000円。子どもの入院や死亡をはじめ、扶養者の死亡、そして第三者への損害賠償も保障されます。掛金は1000円で割戻金もあります（都道府県民共済）。

都道府県民共済

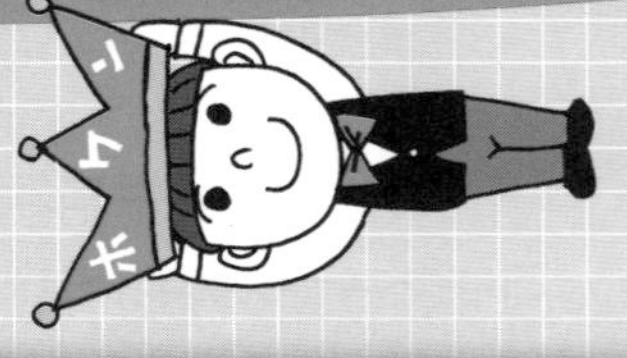

✣割戻金でさらに割安に

医療保険で紹介した**「入院保障型」**は、入院に特化した共済。月々の**掛金2000円で入院1日当たり、1万円の保障を得ることができます**。病気の場合は124日、けがの場合は184日までという長い期間にわたっての保障があります。

わずか2000円でこれだけの保障を提供できる理由は、60歳までしか保障されないからです。60歳から65歳までは入院1日あたり7500円、その後は熟年入院型に自動継続となり、85歳で保障は終了します。85歳以降の保障はありません。いわば、入院しそうな年齢になると、保障が少なくなるというしくみであることが、割安な掛金を実現できる理由です。

さらに有利なのは割戻金の存在。毎年、**掛金の約3割が返ってきます**。しかし、2022年度の割戻金は新型コロナウイルスの影響か11・69%でした。2805円が割戻金として支払われています。

埼玉県民共済には入院保障型はありませんが、1日当たりの入院8000円と死亡保障をセットした形で医療・生命共済が販売されています。また、新型県民共済として15〜50歳まで、入院が1万5000円と3万円の2つのコースを販売。それぞれの掛金は2500円と3000円です。

一方、**「総合保障型」は死亡保障と医療保障を兼ね備えた商品**です。病気死亡が400万円、交通事故1000万円、その他の事故が780万円となっています。そのほか後遺障害が残った場合や、入院、通院に対しても共済金が支払われます。

◎入院保障型と総合保障型（都道府県民共済）

入院保障型の給付金の推移

	入院保障型		熟年入院型		
年齢の区分	18～60歳	60～65歳	65～70歳	70～80歳	80～85歳
1日当たりの入院	1万円	7,500円	5,000円	3,500円	2,000円

•各年齢に到達した最初の4月1日に移行する

終了

65歳以降は
保障が小さくなる

総合保障型

保障期間			18歳～60歳	60歳～65歳
入院	事故	1日目から184日目まで	1日当たり 5,000円	1日当たり 5,000円
	病気	1日目から124日目まで	1日当たり 4,500円	1日当たり 4,500円
通院	事故	14日以上90日まで	通院当初から1日当たり 1,500円	通院当初から1日当たり 1,500円
後遺障害	交通事故		1級 660万円～13級 26.4万円	1級 500万円～13級 20万円
	不慮の事故（交通事故を除く）		1級 400万円 ～13級 16万円	1級 300万円 ～13級 12万円
死亡・重度障害	交通事故		1,000万円	700万円
	不慮の事故（交通事故を除く）		800万円	530万円
	病気		400万円	230万円

掛金は月額2,000円でも、実質は1,766円になる

家計にやさしい共済なら、
貯蓄を行うゆとりがあります

2,000円×12ヵ月=24,000円………1年間の掛金

24,000円×11.69%=2,805円……1年間の割戻金

24,000円−2,805円=21,195円…割戻金を差し引く

21,195円÷12ヵ月=1,766円………割戻金控除後の1ヵ月当たり掛金

こくみん共済coop（全労済）

❖共済だからといって安いとは限らない

こくみん共済coopは都道府県民共済に比べて、取り扱っている共済商品の種類が多いことが特徴です。

「生命保障」はもちろん**「損害補償」**や**「賠償補償」**まで、生活全般にわたる共済事業を行っています。**「遺族保障」「医療保障」「障がい・介護保障」「老後保障」「住まいの補償」「くるまの補償」**など多くの共済商品があります。

有名な商品は、**こくみん共済の「総合保障タイプ」**です。一般的には2口で加入することが多くなっています。2口分の保障は、病気死亡400万円、交通事故死亡1200万円、その他の事故死亡は800万円に設定されています。注意することは、交通事故での入院は1日当たり5000円ですが、**病気入院だと、1日当たり2000円しか支払われないこと**。

入院を手厚くしたい場合は、**こくみん共済の「医療保障タイプ」**を選ぶと1日あたり1万円の入院共済金となります。病気でもケガでも1日目から180日目まで長期にわたって保障してくれます。

60歳になると、1日当たりの共済金は、6000円となり、65歳で保障が終了します。もしも、一生涯にわたる保障をご希望なら「終身医療保障タイプ」も存在します。

とはいっても、あれもこれも加入すると掛金の負担は重くなってしまいますね。保険や共済に加入するのは、**あくまでも貯蓄では足りないリスクに限ったほうがよい**でしょう。

◎こくみん共済の「総合保障タイプ」と「医療保障タイプ」

こくみん共済　総合保障タイプ（掛金1,800円　最高 満60歳まで）

保障内容		総合タイプ 共済金額
死亡・重度障害 1級・2級・3級の一部	交通事故	1,200万円
	不慮の事故	800万円
	病気等	400万円
重度障害により上記の共済金が支払われる場合でも6ヵ月生存のとき		400万円
身体に障害が残ったとき	交通事故	540万～24万円
	不慮の事故	360万～16万円
入院したとき	交通事故	日額5,000円
	不慮の事故	日額3,000円
	病気等	日額2,000円
交通事故で通院したとき	交通事故	日額1,000円

こくみん共済　医療保障タイプ（掛金2,300円　最高 満65歳まで）

保障内容		医療保障タイプ 共済金額
先進医療を受けたとき		最高1,000万円
入院したとき	交通事故・不慮の事故・病気等	日額10,000円
手術を受けたとき		6万円
放射線治療を受けたとき		6万円
通院したとき	交通事故・不慮の事故・病気等	日額2,000円
死亡・重度障害	交通事故・不慮の事故・病気等	50万円

少額短期保険――ニッチなニーズに対応

❖ユニークな保険がいっぱい

ニッチなニーズに対応する少額短期保険（ミニ保険）は、幅広い分野を保障します。文字どおり、保険金が1000万円以下で、保険期間が1年、または2年に限定されています。

具体例をあげてみましょう。

旅行会社HISが手掛ける**「お天気あんしんプラン」**は、旅行中、雨が降り続いたら旅行代金がキャッシュバックされる商品です。

「旅行キャンセル保険」は、本人や家族が入通院したり、交通機関の遅延を保障してくれます。

ユニークなのが**「わりかん がん保険」**です。この商品は、がんになった人の保険金をみんなで割り勘にして支払うのです。加入時の保険料は必要ありませんが、がんになった人がいたら、みんな割り勘した保険料を払います。みんなが元気でがんと診断されないときは0円です。保障はがん診断で80万円の一時金。上皮内がんでも支払いの対象になります。

気になる保険料は、メール等で毎月7日にお知らせ。がんになる人が多いと、保険料が高くなりますが、保険料には上限があります。最大で、契約時年齢20～39歳は500円、40～54歳は990円、55～74歳は3190円です。

このほか、**結婚式の保険**や、**スキー・スノボ中のなどのスポーツ中のけがや賠償責任**。珍しいところでは、**「痴漢冤罪ヘルプコール付き弁護士費用保険」**など盛りだくさん。このように少額短期保険には、大きな保険会社がまねできないない分野の商品がたくさんあります。

Part 5

ケース
スタディー

ライフスタイル別 保険最強の組み合わせ

ケーススタディー

新婚夫婦に家族が増えたら

Aさん夫婦

Aさん：会社員27歳／妻：会社員27歳
◉加入中の保険／職場のグループ保険（定期保険）1000万円（1年更新）

❖死亡保障を最優先で確保

Aさん夫婦は2人とも正社員として働いています。実は先日妊娠していることがわかったばかり。妊娠中も出産後も、仕事は続けるつもりです。

妊娠を機に生命保険へ加入することにしました。現在、Aさんは勤務先のグループ保険である1000万円の定期保険に加入していますが、加えて収入保障保険と医療保険に入りたいそう。学資保険も検討しています。

いずれにしても妻は働く予定ですから、夫の死亡時に必要となる資金のすべて保険に頼る必要はありません。遺族年金や死亡退職金、そして妻の収入を考えて必要保障額を計算。その結果、月額15万円の収入保障保険へ、55歳まで加入することにしました。

加入直後の死亡保障は5040万円で、保険料は2200円です。

グループ保険の保険料は1500円ですが、保険料は毎年上がることが気になります。そこで、最近の定期保険の保険料はかなり安くなっていることから、Aさんはグループ保険をやめて、お子さんの教育費などに備えるため2000万円の定期保険に60歳まで契約します。保険料は2980円です。

医療保険には加入しないで貯蓄を行うことが望ましいです。どうしてもというときは都道府県共済の入院保障型を検討しましょう。

また学資保険への加入はおすすめしませんが、自力で積み立てするのが難しい場合は、加入を検討してもよいでしょう。

見直しのポイント

死亡リスクと入院リスクを保険に頼ります。グループ保険は毎年保険料が高くなるので、定期保険と収入保障保険を組み合わせることに。満期間際の保険金が少なくならないようにしました。

グループ保険(定期保険)　1,000万円　月額保険料1,500円

収入保障保険と医療保険、定期保険に変更！

グループ保険は1年更新なので、60歳までの定期保険に入り直し

収入保障保険
月額15万円
月額保険料2,200円

都民共済　入院日額10,000円　月額掛金2,000円

定期保険　2,000万円（60歳まで）　月額保険料2,980円

27歳　55歳　60歳

月額 7,180 円で加入後の死亡保障は 7,040 万円。収入保障保険と定期保険の２本立てなので、見直す手間がかかりません。お子さんが独立したら定期保険を減額しましょう。

合計　月額7,180円

独身に大きな保障は不要

Bさん

Bさん：会社員30歳／男性
◉加入中の保険／アカウント型保険　死亡保障3500万円（10年更新）

Bさんが選んだのは都道府県民共済の総合保障型。これは、死亡や入院などさまざまな保障を1ヵ月当たり2000円の掛金で得ることができます。割戻金を含むと、月々の負担はさらに下がります。割戻金は加入する都道府県によって、また、その年の共済金の支払状況によって異なります。

病気での死亡保障は400万円あれば十分でしょう。事故の場合には、1000万円が保障されます。入院やけがでの通院もついています。加入中の保険料との差額は運用に回してください。

とはいっても、Bさんの趣味はかなり本格的な山登り。登山中の事故は危険なスポーツを行っているとして、保険金は支払われないケースもあります。そこで、別途、山岳保険にも加入しました。保険料は年間3万円ほどです。

❖貯蓄を重視＋趣味の保険も

「社会人になったら保険に加入するのが当たり前」という風潮がありますが、これは正しくありません。社会人ではなく、「家族を持ったら」というのが正解です。

つまり、独身のときは生活の面倒を見る相手がいませんから、死亡に備える必要性は少ないのです。

Bさんは30歳の独身男性です。これまでアカウント型の保険に加入していましたが、「何千万円という死亡保障は必要ない」と、思い切って保険の見直しを行いました。

途中で解約すると損だとよくいわれますが、保険料の全額が掛捨てですから、損することはありません。

見直しのポイント

扶養家族のいない独身なら、保険に加入して備える必要はありません。保険料を払うよりも貯蓄や自己研さんに励むことにしました。死亡と医療保障については、都道府県民共済を活用します。

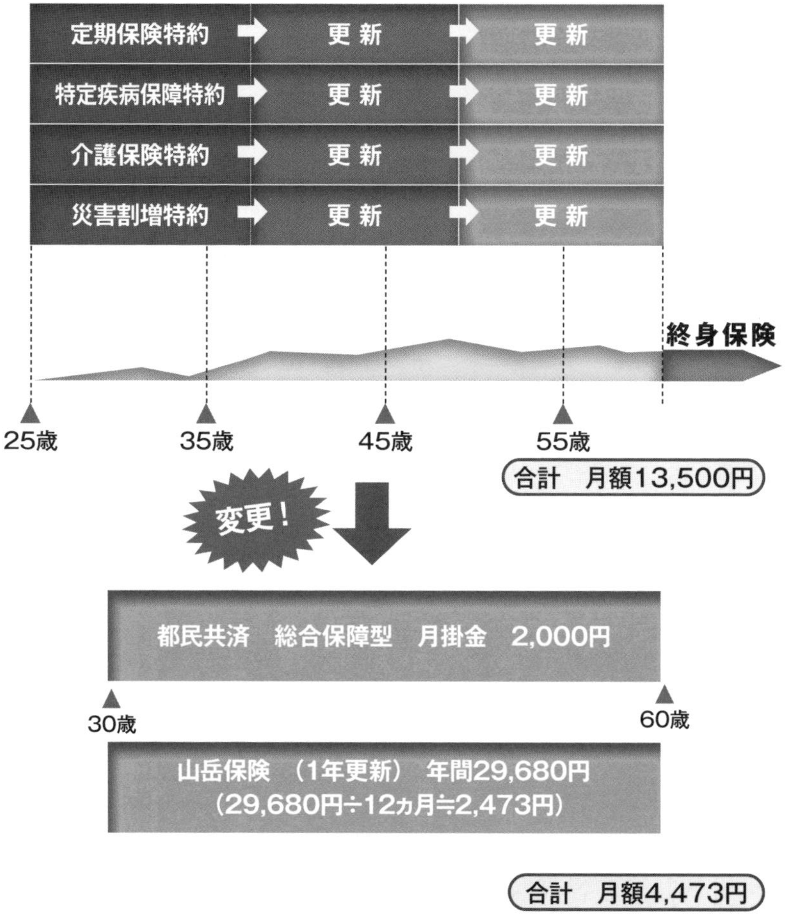

	25歳〜35歳	35歳〜45歳	45歳〜55歳
定期保険特約	→	更新	更新
特定疾病保障特約	→	更新	更新
介護保険特約	→	更新	更新
災害割増特約	→	更新	更新

合計　月額13,500円

都民共済　総合保障型　月掛金　2,000円

30歳　60歳

山岳保険　（1年更新）　年間29,680円
（29,680円÷12ヵ月≒2,473円）

合計　月額4,473円

ケーススタディー

大きな保障は定期保険や収入保障保険で

Cさん夫婦

Cさん：自営業 35歳／妻：専業主婦 36歳　子ども7歳・5歳

◉加入中の保険／定期保険特約付終身保険　死亡保障3000万円（10年更新）医療特約など

◈自営業者は多めの備えが必須

Cさんはレストランを経営する料理人。これまで国民年金にしか加入したことがありません。妻は昼食どきにお店の手伝いをするものの、基本的に専業主婦に近いといえます。子どもは5歳と7歳。まだまだ手のかかる年齢です。

自営業の場合、遺族基礎年金（44ページ）を受け取ることができますが、末のお子さんが高校を卒業するとその後の遺族年金は打ち切られます。そのため会社員よりも大きな死亡保障が必要です。

そんなCさんが加入している保険は、定期保険特約付終身保険。終身保険部分は200万円、定期保険部分は2800万円、合計3000万円分の死亡保障があります。保険料は1万4000円ですが、加入から9年経ち、そろそろ更新を迎える予定です。更新後の保険料は2万5000円と大幅にアップ。保険料は安くしつつ、保障を大きくしたいというご希望です。Cさんの必要保障額は7000万円。収入保障保険と定期保険を組み合わせ、さらに仕事ができなくなったときに備え、就業不能保険を検討します。

1000万円の定期保険は30年間、収入保障保険は月額20万円で、60歳までの25年間とします。幸いCさんはタバコも吸わず、健康なので1番安い保険料で加入できたようです。

加入当初7000万円の死亡保障と月々20万円の就業不能保険までセットしても、保険料は1万円ほど。将来、保険料がアップすることもありません。

見直しのポイント

大きな保障を用意するのに終身保険は役不足。効率のよい収入保障保険と定期保険、さらに就業不能保険を組み合わせることで、自営業者の収入のダウンに備えます。

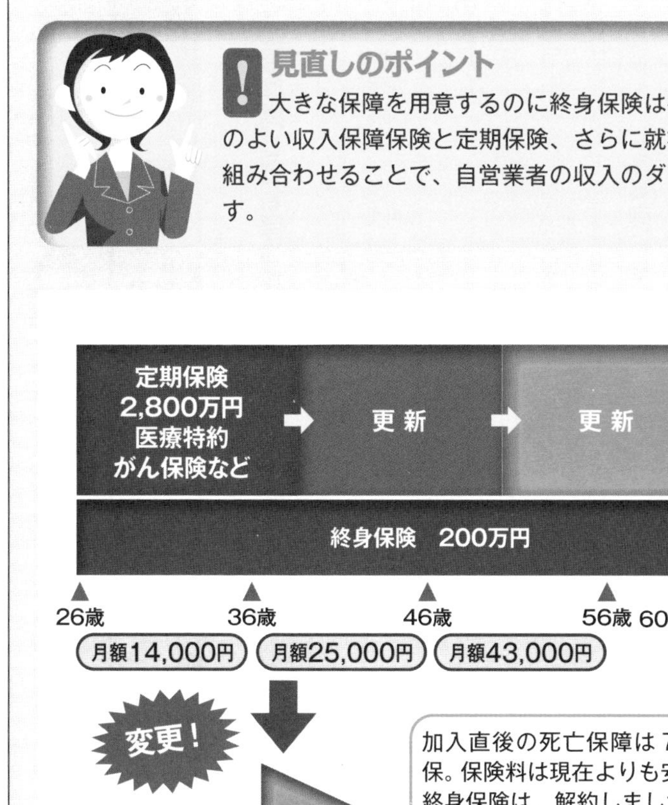

ケーススタディー

住宅購入時は見直しのチャンス

Dさん夫婦

Dさん：公務員 42歳／妻：パート 35歳　子ども12歳・10歳
◉加入中の保険／定期保険（65歳まで）4000万円と終身保険 500万円

※保障は同じでも保険料が下がることがある

Dさん夫婦は子どもが中学校に上がったタイミングで家を購入したばかりです。団体信用生命保険に加入したことをきっかけに、保険の見直しを考え始めました。

Dさんが死亡すると、住宅ローンにセットした団体信用生命保険から保険金が支払われて住宅ローンを支払わなくてもよくなります。ですが、住宅を購入すると、固定資産税などの税金をはじめ、メンテナンス費用、将来のリフォーム代など出費がかさみます。住宅のための費用はゼロにはなりません。

現在加入している保険は、7年ほど前に見直してから長い時間は経っていませんが、死亡保険の保険料が引き下げられているので見直すことで安くなりそう。

Dさんは3000万円の定期保険と、20年ほど前に加入した500万円の終身保険に加入しています。この終身保険は予定利率が高い「お宝保険」なのでそのまま残します。医療保険には加入していません。

5年前と比べて保険料は値下がりしているとはいえ、5歳分、年齢が高くなりました。保険料はいくらになるでしょうか。

ふたを開けてみると、同じ4000万円で加入しても保険料は安くなりました。でも、今回は1000万引き下げた3000万円の定期保険に加入。保険料は8460円と、以前の半分くらいに収まりました。

見直しのポイント

住宅の購入時には保険の見直しが必須。団体信用生命に加入したら保障額を下げることになります。見直すことで適正な保障を確保しましょう。

定期保険　4,000万円　月額保険料15,500円

終身保険　500万円

37歳　月額15,500円　65歳

変更！

保険料は大幅にダウン

定期保険　3,000万円　月額保険料8,460円

終身保険　500万円

42歳　月額8,460円　65歳

3,000万円の定期保険に加入し直すだけで、保険料は7,040円も節約することができました！
65歳まで支払うと、194万円も保険料の負担が圧縮できました。
7,040円×12ヵ月×23年＝194万円

ケーススタディー

保険料を抑えて貯蓄に回すのがベスト

Eさん夫婦
Eさん：会社員 40歳／妻：会社員 41歳
◉加入中の保険／夫：アカウント型保険（65歳まで） 妻：アカウント型保険（65歳まで）

※共働きに高額な死亡保障はいりません

子どものいないEさん夫婦は共働き。これから先も子どもを持つ予定はないそうです。2人の給料を合わせると、年間1300万円にも達する勢いです。生活に余裕があるためか、お互いを受取人にして、高額な保険を掛け合っていました。

共働きの場合、どちらか一方が死亡しても経済的には、あまり困らないと思われがちですが、収入は大幅にダウンしてしまいます。

通常、会社員が死亡すると配偶者は遺族厚生年金を受け取れます。しかし、遺族厚生年金には所得制限があります。それは「850万円の収入を将来にわたって得られないこと」。Eさんの妻は年収600万円なので遺族厚生年金を受け取れます。

一方、妻が死亡した場合、Eさんが遺族厚生年金を受け取れるのは、基本的に60歳からの5年間のみです。

住宅の有無にもよりますが、お互いの死亡に備えて1000万円程度の定期保険に加入するとよいでしょう。Eさんは1500万円、妻は1000万円の定期保険にそれぞれ加入することになりました。

また、がん保険は診断給付金を300万円と、通常より高めに設定することにしました。60歳までの定期がん保険です。20年後にはきっともっとよい保険できているでしょう。

2人分の保険料は1万2287円。安くなった約3万5000円は、イデコやNISAを使った投資信託などで、貯蓄を続けることで、老後に備える予定です。

見直しのポイント

子どものいない共働き夫婦には、高額な保障は必要ありません。ですが、配偶者の死亡後でも住居費は変わりませんし、生活費が割高になります。1,000万円程度の保障を確保しておくとよいでしょう。

定期保険特約　5,000万円
特定疾病保障特約　500万円
医療特約　入院日額10,000円
災害特約　1,000万円
→ 更新

アカウント型保険　保険料25,800円
終身保険
35歳　45歳　55歳　65歳
合計　月額25,800円

変更！

定期保険1,500万円
月額保険料3,495円　20年更新型
がん保険　診断給付金300万円　月額保険料2,958円
40歳　60歳
合計　月額6,453円

妻

定期保険特約　5,000万円
特定疾病保障特約　500万円
医療特約　入院日額10,000円
災害特約　1,000万円
→ 更新

アカウント型保険　保険料21,800円
終身保険
35歳　45歳　55歳　65歳
合計　月額21,800円

変更！

定期保険1,000万円
月額保険料1,990円　20年更新型
がん保険　診断給付金300万円　月額保険料3,844円
40歳　60歳
合計　月額5,834円

ケーススタディー

中高年のシングルは節税のメリットを活かす

Fさん

Fさん：独身・会社員 52歳
◉加入中の保険／定期保険特約付終身保険

❖生命保険料控除をフル活用

Fさんは52歳のシングル男性。生命保険は遺族の生活資金を確保するものですが、母親を受取人とした、定期保険特約付終身保険に加入中です。終身保険が500万円、定期保険が2000万円、その他の特約を合計して3000万円の保障です。医療特約もありますが、保障は60歳まで。母親は生活に困っているわけではないため、終身保険だけ続けて、定期保険は解約することにしました。また、終身医療保険には加入したいというご希望です。

独身であれば扶養親族がいないので、税金が重くなりがちですが、ほんの少しだけ税金を軽くすることはできます。

10年以上にわたって個人年金保険の保険料を支払うと、生命保険料控除を受けられます。

見直し後の保険料は、個人年金の2万1000円をプラスすると大幅にアップしましたが、終身医療保険を65歳までに払い込み、そして終身保険にも入っているので生命保険料控除をトリプルで受けることができます。

Fさんが生命保険料控除で節約できる税金は、所得税率20％なので年間2万4000円、住民税は年間7000円。合計で3万1000円×10年分の税金が安くなる予定なのです。ただし医療保険の保険料は合計150万円にもなります。よく考えてくださいね。

なお、iDeCo（確定拠出年金）で個人年金に加入すると、掛金分の全額の所得税と住民税が安くなります（200ページ参照）。

見直しのポイント

死亡保障よりも、貯蓄が最優先です。医療保険を終身で確保し、3種類の生命保険料控除を活用することで、年間3万1,000円分の税金が安くなります。保険も工夫次第。

定期保険特約　2,000万円
特定疾病保障特約　500万円
医療特約　入院日額7,000円

➡ 更新　➡ 更新

終身保険　500万円

▲30歳　▲60歳

合計 月額19,000円（全期型）

生命保険料控除のトリプル活用

所得税 12万円× 20% =2万4,000円
住民税 7万円× 10% =7,000円
1年につき 合計3万1,000円

保障

終身医療保険　入院日額7,000円（65歳払込終了）
月額保険料9,639円

終身保険 500万円（60歳払込終了）　月額保険料8,000円

老後の資金

個人年金保険　確定年金　31万円（10年間）
65歳払込終了　月額保険料21,000円

▲52歳

保障の合計　**月額17,639円**
保障と個人年金保険料の合計 月額38,639円

ケーススタディー

50代で親の介護も心配

Gさん夫婦

Gさん：会社員 55歳　妻：パート 55歳

◉加入中の保険／定期保険特約付終身保険

❖定期保険を減額して介護保険をプラス

子どもの就職が決まり、一息ついたGさんは55歳。そろそろ自分たちの老後が気にかかってきたところです。保険も遺族への保障から自分たちへの保障にシフトしたいと考えていました。

そんなところへGさんのお母さんが倒れたという連絡がありました。幸い大事には至らなかったのですが、将来、介護が必要になった場合には、一人っ子のGさんが面倒を見ることになりそうです。

まずは自分の保険の見直しをします。30歳のときに加入した定期保険特約付終身保険も最後の更新を終え、払込終了まであと5年となりました。でも、もう保険は卒業です。

３００万円の終身保険と定期保険を７００万円だけ残して、あとは解約することにしました。減額後の保険料は８０００円ほど。Gさんは見直しで浮いた保険料の半分を使って介護保険へ加入することを決心。というのも、自分の両親のように高齢になってからでは、介護保険の保険料はとても高くなるからです。

介護保険には掛捨てタイプと貯蓄タイプがあります。どちらも一長一短ですが、保障が1番手厚そうな掛捨てタイプを選ぶことにしました。

この商品は公的介護保険の要介護1で保険料が免除になり、年金を受け取れるしくみ。要介護度が進むにつれて、年金額は多くなっていきます。保険料は1万９９３円。介護状態に陥らず死亡した場合、「保険金はまったく受け取れない」と承知しておくことが大切です。

見直しのポイント

子どもが独立して扶養家族は妻だけ。そろそろ保険は卒業です。これからは老後に備えて貯蓄を行っていくつもりですが、どうしても介護が心配。介護保険だけは加入することにしました。

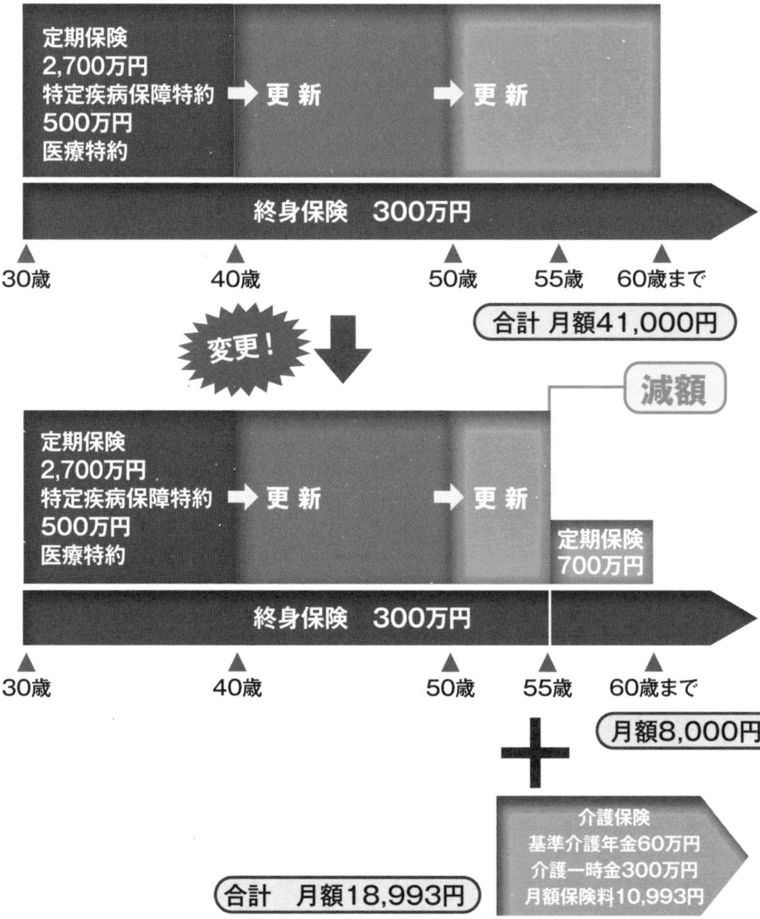

ケーススタディー

相続税がかかりそうな夫婦の保険

Hさん夫婦

Hさん：会社員 64歳
◉加入中の保険／終身保険

※相続税対策はバッチリです

60歳で定年退職を迎え、再就職中のHさんは64歳。老齢年金は65歳から受け取れるのですが、繰下げするつもりです。というのも、たった1年間受け取りを延ばすだけで、年金額が8・4％もアップするから。まずは収入を増やすことを第一に考えてあと数年は働きたいと思っています。

保険は定期保険特約付終身保険でしたが、現在は100万円の終身保険のみ。保険料は払っていません。

そんなHさんは、少々財産家。このままだとバッチリ相続税がかかりそうです。本来であれば、これから保険に入る必要はないのですが、保険を使って、相続税の節税対策を行うことにしました。

Hさんの家族は、妻と子どもが2人なので、相続人は3人になります。保険金には相続人ひとり当たり、500万円まで非課税になるという特典があります。銀行に1500万円預金していると、すべて相続税の対象になりますが、保険金の場合は1500万円までまったく税金がかかりません。預金ではなく、死亡保険金として受け取ったほうが相続税が少なくなるでしょう。

このとき終身保険を選ぶことが何よりも大切です。定期保険や養老保険では、長生きをした場合、満期がきてしまい、保険金の非課税を受けることはできないからです。

Hさんは3本の500万円の終身保険に加入しました。老後資金が底を尽きかけたら、1本ずつ解約して生活費にあてるつもりです。なお低金利を受け、終身保険の保険料は安いわけではありません。

見直しのポイント

死亡保障を得るというよりも、保険を活用した相続対策を行いました。相続人の人数× 500万円分の保険金が非課税になります。3本に分けることで、不意の出費時には解約して使えます。

終身保険　100万円

＋

- ◎終身保険の一時払い保険料は保険金とほとんど変わりません。
- ◎健康上の問題があるときは、告知のないタイプも存在します
- ◎できるだけ早い時期に、解約返戻金が払込保険料に近づく商品を選ぶのがコツ

一時払い終身保険　500万円

一時払い終身保険　500万円

一時払い終身保険　500万円

一時払い保険料合計1,500万円

ケーススタディー

どうしても保険に入りたい？

Ｉさん夫婦

Ｉさん：会社員　50歳／妻と子ども１人
◉加入中の保険／定期保険特約付終身保険　保険料１万８０００円

◈現在の保険がお得

Ｉさんは体が強いほうではありません。数年ごとに「入退院を繰り返す」生活を送っています。幸い、若いころに加入した保険があるのですが、保険に加入できないといわれると、どうしても加入したくなるのが人情。

というのも、Ｉさんの保険は入院５日間から入院給付金が支払われるタイプで、80歳までしか保障がありません。現在の主流である入院１日目から支払われるタイプの保険をあれこれ検討している最中です。

「保険に入りたい」という心理を裏側から見ると、保険料を払っても「元が取れそうだ」という駆け引きが働くから。ところが、総額で考えると意外と重い保険料の負担に気がつかないものです。

特に医療保険は終身払いにすると、ひと月当たりの保険料は安く感じますが、一生払い続けると１００万円を軽く超えることをご存知ですか？

Ｉさんは50歳。加入中の保険は25歳のときに大手国内保険会社の定期保険特約付終身保険です。医療特約は５日目からの支払いではありますが、１回当たりの入院は１２０日まで。現在の医療保険は60日型が主流なので、１２０日型なら長期入院にも対応できます。

Ｉさんは引受基準緩和型には加入できるでしょう。でも、普通の医療保険に比べて割高になります。どうしても加入したいのなら話は別ですが、新たな医療保険には入らずに、貯蓄で備えたほうが得策だといえるでしょう。

見直しのポイント

加入中の医療保険は入院５日目からですが、長期入院は 120 日まで。たとえ、１日からの保障があっても、引受基準緩和型に入り直した場合の保険料はより高いものになります。現状維持しましょう。

（50 歳男性の保険料、入院日額 5,000 円）

保険会社名	医療保険（入院日額5,000円）	引受基準緩和型医療保険
アフラック	手軽に備える医療保険 EVERシンプル 4,858円	病気になった人も入りやすい医療保険 EVERシンプル 8,952円
オリックス生命	医療保険キュア・ネクスト 七大疾病無制限型 3,255円	医療保険キュア・サポート・プラス 七大疾病無制限型 4,425円

35年払い続けた
保険料の総額は……

▶月額4,858円×12ヵ月×35年
=2,040,360円

▶月額8,952円×12ヵ月×35年
=3,759,840円

▶通常の医療保険と
引受基準緩和型の差額は、
1,719,480円！

ケーススタディー

妊娠したので医療保険に加入したい

J子さん夫婦

J子さん：会社員 28歳
◉加入中の保険／なし

❖結婚をしたら早めに加入を

J子さんは妊娠3ヵ月。まだ実感はないものの、「医療保険に入っておけばよかった」と後悔をしているところです。実は医療保険に入ろうとしたら、「今回の妊娠については免責になる」といわれてしまったから。免責というのは、「妊娠関係は保障しない」という意味です。

大丈夫。保険会社によっては、現在の妊娠であっても保障してくれる場合もあるのです。でも、出産は病気ではないので、正常分娩の場合、入院給付金は支払われません。

入院給付金が支払われるのは、重いつわり、切迫流産、妊娠高血圧症などで入院した場合や、帝王切開で出産した場合に限られます。

特にひとり目の妊娠は、「もしかしたら帝王切開になるかもしれない」など、不安であれこれ考えてしまいがち。妊娠してから慌てて医療保険に加入するよりも、結婚したら早めに加入しておきましょう。

最近は不妊治療を行っている夫婦も多くなってきました。日本産科婦人科学会によると、２０２０年に生まれた子どものうち、体外受精による子どもの割合は約13人に1人だそうです。

不妊治療を行っている場合には、医療保険には加入できません。結婚したら、「早めに医療保険に入っておきましょう」というのは、こういった理由があるのです。もちろん、入院の基本は貯蓄で備えることを忘れてはいけません。

なお、現在妊娠中でも保障の対象になるのは、日本生命とソニー生命などです。

Part 6

家計に優しい保険の見直し術

3つのポイントで読めば、保険証券も簡単にわかる

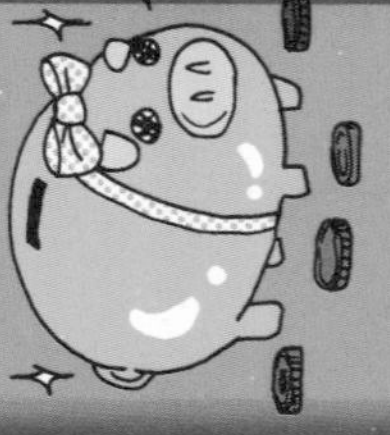

◇まずは内容を確認

ご加入中の保険の内容を覚えていますか。

契約時にはきちんと理解したつもりでも、長い時間が経つと記憶も薄れてしまいがちです。もしかしたら、何か思い違いをしていることもあるかもしれません。

保険を見直すはじめの一歩は、加入している保険の内容をチェックすることからスタートしましょう。

多くの人が加入している保険は、「定期保険特約付終身保険」や「自由設計型保険（アカウント型保険）」です。この2つの商品は、たくさんの特約を組み合わせることで成り立っています。

全体として眺めてみても、「どんなときにいくら支払われるのか」「保障は何歳まであるのか」「保険料はいつまで支払うのか」ということがわかりにくい面があるのです。

保険証券を読み解くポイントは、保険に加入するときと同じ3つのポイントで見ていくこと。

3つのポイントは「どんなとき」「いくら」「いつまで」でしたね。

①**保険金**：どんなときに、いくらもらえますか？
②**保険料**：いくらの保険料を、いつまで払いますか？
③**保険期間**：保障は、いつまでありますか？

ここで大切なのは、病気による死亡保険金を調べること。なぜなら死亡する原因は、圧倒的に病気のほうが多いからです。

確率の低い災害死亡で何千万円の上乗せがあったとしても、病気の死亡では支払い対象とならないケースは多いものです。

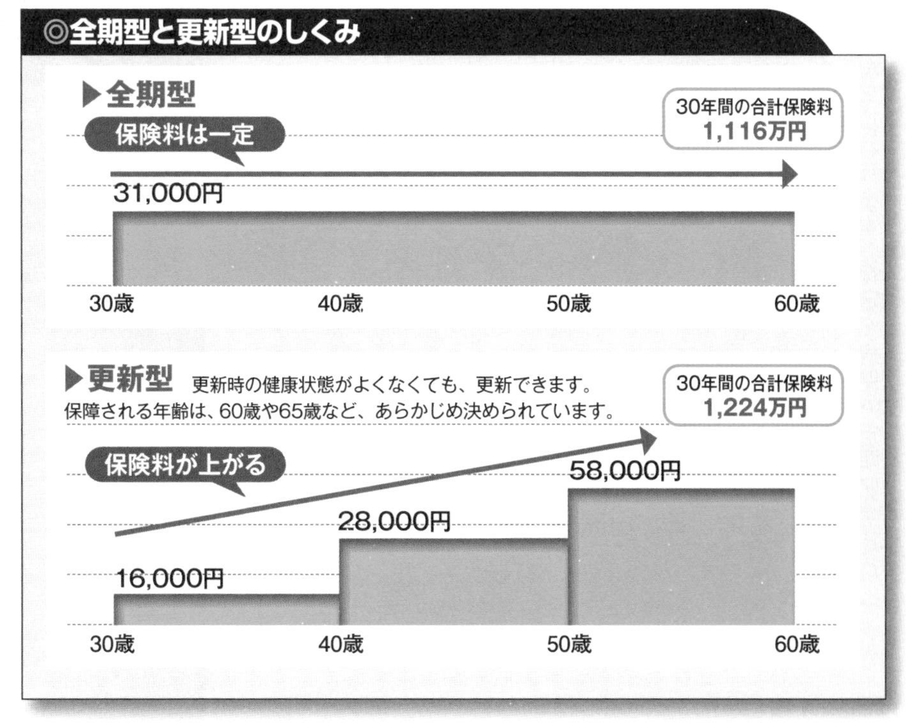

◇全期型と更新型

「定期保険特約付終身保険」や「自由設計型保険（アカウント型）」の保険料の払い方には、全期型と更新型の2種類があります。

- **全期型**：契約から、払込みが終了するまでずっと同じ金額を支払う。加入当初の保険料は「更新型」よりも高くなる。
- **更新型**：契約から10年や15年など、一定期間は同じ保険料を支払うが、その期間が終わると更新する。更新時の年齢や保険料率で保険料を再計算するため、更新ごとに保険料が高くなる。

更新を迎えるタイミングで保険を見直しましょう。同じ保障額を最後まで続けることはありません。

若いときは安めの保険料を、そして子どもの成長に応じて減額を行って、適正な保障を確保することが賢い保険の見直し方です。あるいは思い切って本書にあるような保険に入り直すとよいでしょう。

保険の裏ワザ

保険証券の正しい見方

◇65歳以降は終身保険しか残らない

ではさっそく、保険証券（左ページ）を見ていきましょう。この保険は定期保険特約付終身保険の代表的なものです。主契約を終身保険として、何種類かの特約がついている商品です。

「5年ごと利差配当付」というのは、「保険会社の運用がうまくいったときに限って、5年ごとに配当金を払います」という意味。必ず配当金をもらえるわけではありません。

①保険金：どんなとき、いくら

「ご契約内容」の主契約と特約をチェックしましょう。病気死亡のときは、終身保険と定期保険特約、そして特定疾病保障保険特約から合計3300万円が支払われます。特定疾病保障定期保険特約は、がん、急性心筋梗塞、脳卒中で所定の状態になった場合、生前に保険金を受け取れる特約ですが、死亡したときも対象です。さらに、300万円の年金が5年間支払われますから、全部で4800万円が死亡保障になります。一方、災害の場合は傷害特約の500万円が上乗せされることになります。ところが、65歳になると特約は終了して、終身保険の300万円だけになることに注意してください。

②保険料：いくら、いつまで

月払い保険料は1万8047円です。注意点は更新型のため、10年後に保険料がアップすること。

③保険期間はいつまで

定期保険などの特約は、65歳までしか保障されません。最後まで残るのは終身保険のみであることがわかります。

◎保険証券の見方

保険種類
5年ごと利差配当付終身保険
保険証券記号番号
○○−××

契約成立日：××××年10月1日

被保険者：保険太郎　様
　昭和61年6月00日生　男性　28歳

契約者：保険太郎　様
　昭和61年6月00日生　男性　28歳

受取人等：
死亡保険金受取人
　保険陽子　様
リビング・ニーズ保険金受取人
　被保険者　様
指定代理請求人
　被保険者の配偶者

毎回払込保険料合計額	18,047円
うち主契約保険料	5,500円
うち特約保険料	12,547円

○保険料の変動については同封の「契約のご説明」をご参照ください。

○主契約保険料払……継続する場合、そ……の積立金からお支払いいただきます。

主契約保険料払込期間：36年

保険料払込回数：年12回

保険料払込期日：毎月1日から末日まで

保険料払込方法：新団体……

・ご契約内容

主契約・特約名	保険金額・年金額・給付金額		保険期間
主契約　終身保険	死亡保険金額	300万円	終　身
定期保険特約	死亡保険金額	2,700万円	10年間38歳まで 65歳まで自動更新
特定疾病保障定期保険特約	死亡保険金額	300万円	10年間38歳まで 65歳まで自動更新
生活（収入）保障特約（5回払い）	基本年金額	300万円	10年間38歳まで 65歳まで自動更新
傷害特約	災害保険金額	500万円	10年間38歳まで 65歳まで自動更新
災害・疾病・成人病入院特約※	入院給付金	1万円	10年間38歳まで 65歳まで自動更新
通院特約（本人型）	通院給付日額	3,000円	10年間38歳まで 65歳まで自動更新

○主契約の基準利率は0.50%です（最低保証利率は0.50%です）。
○契約内容欄に※のある特約は給付限度（特約）の型を180日型とします。
　給付限度日数の説明については「契約のご説明」をご覧ください。
○リビング・ニーズ特約（「契約のご説明」）もあわせてご覧ください。
　現在の特約保険金額の限度額は、下記a.b.のいずれか低いほうです。
　a.3,000万円　b.請求時の死亡保険金額

当欄の記載事項はございません

保険の裏ワザ

適切な見直しを考える

◎スッキリ見直しでコストダウン

保険の見直しは、「子どもが生まれた」「住宅を購入した」「子どもが就職をした」など、家庭の状況やライフプランが変化したときに行うものです。なかには「テレビのＣＭでよさそうな保険を見かけた」というきっかけもあるでしょう。しかし、家計に変化がなくても、以前の保険へ加入したときより年齢が高くなった分、必要な死亡保障は小さくなっています。

２０１８年、**長寿化に伴って死亡保険の保険料が大幅に値下がりしました。新しい保険に入り直したほうが保険料が安くなるケースも多くなっている**のです。見直すだけで、保険料が下がる可能性がありますが、目先の安さに惑わされてはいけません。「保険料は安いけど、保障も低い」ということが考えられるからです。とくに保険は内容が見えにくい商品です。いくら下調べをしてもしすぎるということはありません。

保険料を安くする方法には、２つあります。

ひとつめは**現在の保険を活かす方法**。通常、保険に加入した当時よりも時間がたっている分、必要保障額は少なくなっているはずです。減額することで保険料を安くすることが可能です。

もうひとつの方法は、**新しい保険に入り直すこと**。以前はだれであっても保険料は一律でした。現在はタバコを吸わず、健康の基準を満たす場合は、加入し直すだけで保険料が下がる可能性があります。

会社員や公務員であれば、勤務先の保険を検討することも有効な方法です。あなたにあった見直しの方法を選んでみましょう。

◎加入から 11 年後に保険を見直した場合

保険の見直しを考える3つの理由

①家庭の状況が変化した

②保険料を安くしたい

③よい商品が出た

【保険料を安くする方法】

2014年、30歳のときに定期保険に加入

3,000万円　60歳まで　月払い保険料7,500円

2024年　41歳男性、保険料を同額で見直し！

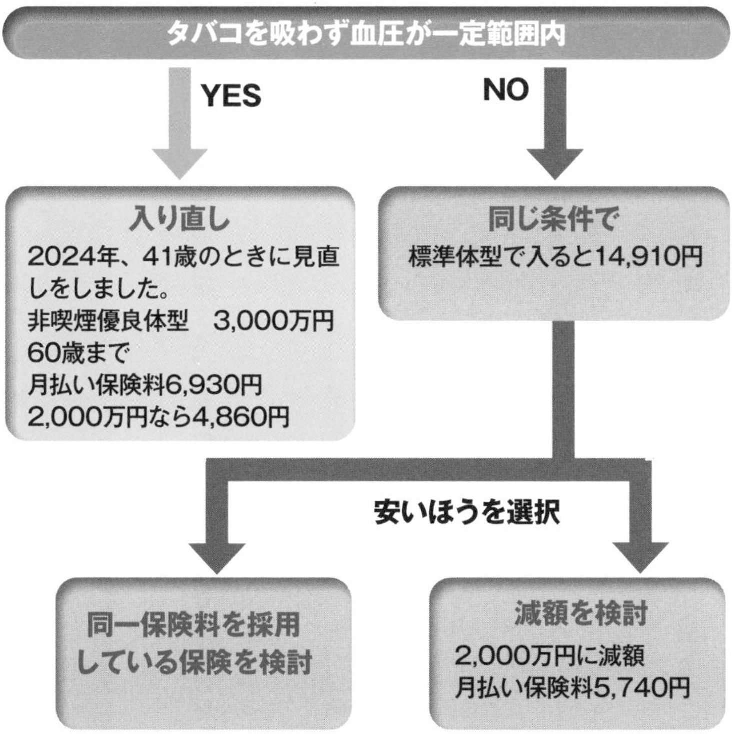

タバコを吸わず血圧が一定範囲内

YES

入り直し

2024年、41歳のときに見直しをしました。

非喫煙優良体型　3,000万円

60歳まで

月払い保険料6,930円

2,000万円なら4,860円

NO

同じ条件で

標準体型で入ると14,910円

安いほうを選択

同一保険料を採用している保険を検討

減額を検討

2,000万円に減額

月払い保険料5,740円

保険の裏ワザ

保険の減額と増額の方法は

◇今の保険を続けたまま、保障を減らす

時がたてば保険に加入したときと比べて、必要保障額は低くなります。子どもの成長に伴って、保険金で備える金額をだんだん少なくしましょう。

保険を見直すときの**1番簡単な方法は「減額」**です。

たとえば、当初5000万円の定期保険に加入したとしましょう。現在の必要保障額が3500万円であれば、1500万円分を減らしてください。新しい保険に入り直すのではありませんから、告知や診査も必要ありません。

加入中の保険会社を継続する場合や、健康上の理由などで新しい保険に加入できないときは減額を検討します。なかには医療特約だけを解約して終身医療保険へ入り直す人もいます。必要でなくなった特約だけを解約することも可能です。

「減額更新」は、定期保険特約付終身保険の更新を迎えるタイミングで保障を見直し、必要ない部分を減額して更新することです。

更新型の場合、健康上の理由などで他の保険に加入することができない人でも、無条件で更新することが可能です。

今、加入している保険を大切に見直していきましょう。更新時には担当者や保険会社から連絡があるものです。こちらからアクションを起こさなくても大丈夫。更新の数ヵ月前に届く保険会社から手紙に気をつけてください。

反対に新しい特約を付加したり、増額することもできますが、こちらは新しい保険に加入するため告知や診査が必要となってきます。

◎減額更新のしくみ

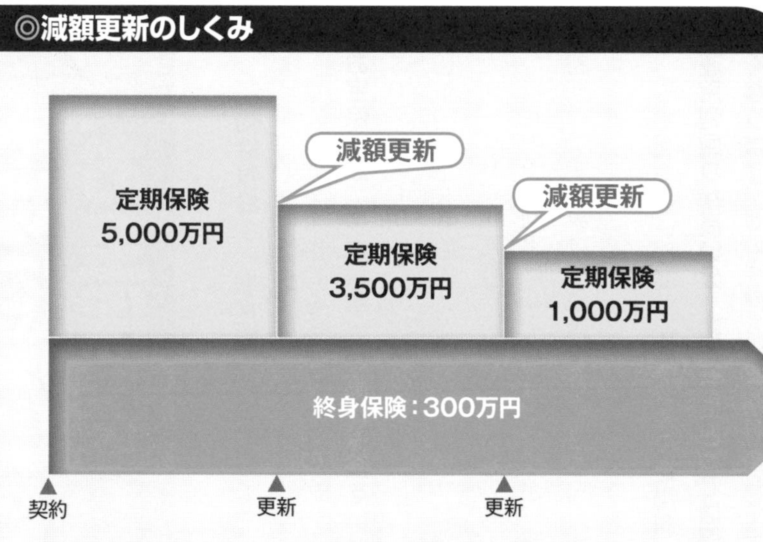

減額時の注意点

- 死亡保障を減額すると、入院給付金などの保障額も下がることも。
- 減額の限度額が設けられていることも。
- 減額したあとに、もとの保障額に戻したいときには告知や診査が必要に。

保険の裏ワザ

絶対に残しておきたい「お宝保険」

◇解約はNG！　予定利率をチェック

なんとしても解約を阻止したいのが「お宝保険」。**お宝保険は「予定利率」が高い保険をいいます。**68ページで「100万円の保険料を一時払いにすると、10年後に180万円になった」というお話をしましたが、これは予定利率が高いから可能だったのです。

現在の予定利率は0・5%ほどですが、昭和や平成初期の予定利率は、最高で6〜5・5%もあったのです。

予定利率というのは保険会社の運用利回りです。**運用利回りが高い分、私たちにとっては保険料が安くなります。**というのも、保険料から予定利率分を割り引いてくれているから。お得な保険になるわけです。

この時代に加入した保険を「お宝保険」と呼んでいます。今どきこんなに高い利率で運用できる金融商品はありません。加入している人は、そのまま契約を続けていきましょう。

反対に「お宝保険」は、保険会社にとって「お荷物保険」であり、保険会社の儲けを阻害する大きな要因です。そもそも保険会社は運用のプロとはいえ、今の時代、5・5%で運用できるわけがありません。

しかし、予定利率は5・5%にすると契約時に決めたら、契約が終了するまで同じ予定利率を適用する約束なのです。この高い予定利率が原因で破たんした保険会社も数多く存在します。

私たちにとってお得な「お宝保険」は、保険会社にとってやめてほしい保険。あの手この手を使ってやめてもらおうと勧誘してきますが、最近では「残し

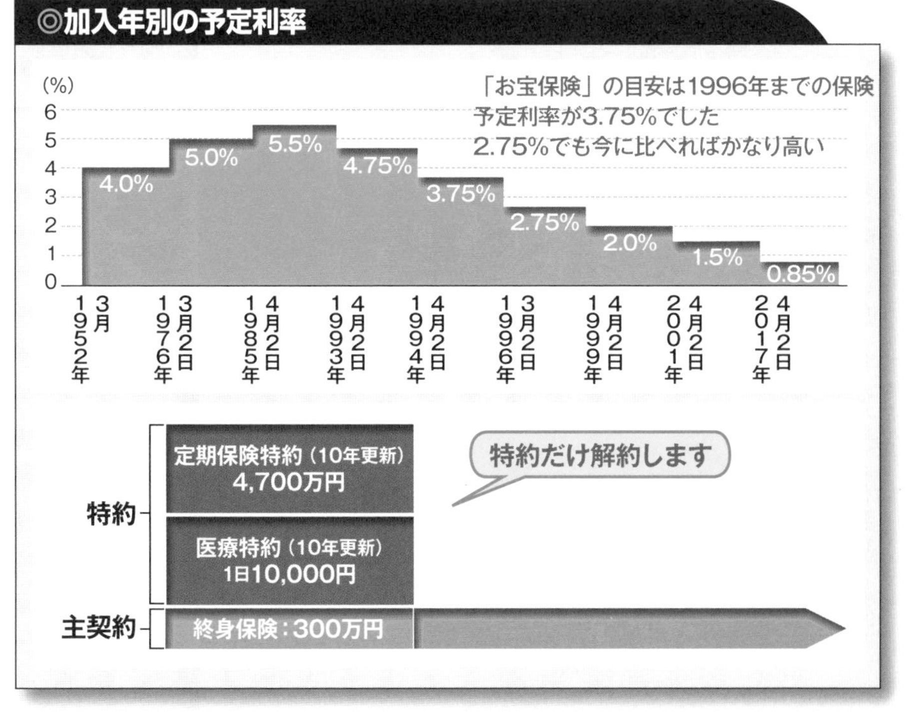

ておきましょう」といわれることも多くなりました。

◇「宝物」は貯蓄型に限る

注意しなければならないのは、「お宝保険」は**貯蓄性の保険に限る**ということ。たとえば、終身保険や個人年金保険がこれにあたります。

もしかしたら、定期保険特約付終身保険もお宝ではないかと思うかもしれません。残念ながら「お宝保険」といえるのは、終身保険部分だけ。掛捨て部分には関係ありません。

こんなときはすべてを解約するのではなく、終身保険だけを、残すようにしましょう。

また、個人年金保険に医療特約がついている場合、この時代の医療特約は割高です。終身保障ではないときはこの医療特約を解約して、別の医療保険に加入したほうが割安になるケースも多いものです。

予定利率が低いのであれば思い切って辞めてしまって、貯蓄で備えるという方法でもよいですし、保険料の支払いが厳しければ、払済保険にするという方法があります。

保険の裏ワザ

保険の見直しは少なくとも人生で3回!

◇保険の組み替えを考えるタイミング

保険の加入中、もっともよくないことは、入りっぱなしにすること。家族の年齢やライフプランの変化に応じて、必要な保険は変わってくるのです。

死亡保険や医療保険の保険料は以前と比べてずいぶん安くなりました。思い切って入り直すとよいでしょう。保険の見直しを行うことは、保険料の節約につながります。たとえ、予定利率の高い時期に定期保険特約付終身保険に加入した場合には、貯蓄性のある終身部分だけ残して、ほかは解約するなどさまざまな方法が考えられます。

20年以上前に加入した医療特約の保障期間は、一般に60歳や65歳までしかありません。なかには、80歳までや終身保障に延長できるケースもありますが、追加で保険料が100万円単位でかかってきます。

それならば今のうちに特約を解約して、終身医療保険に変更したほうが、トータルでの医療保険料を節約できそうです。あるいは、定期保険なら収入保障保険に変更することによって、さらにスリム化することが可能です。

保険は人生で3回見直してください。

- **1回目:子どもが生まれたとき**
- **2回目:住宅を購入したとき**
- **3回目:子どもが独立したとき**

この3回というのは必要最低限。もう少し頻度が多くてもかまいません。しかし、保険に入れば安心というわけではありません。多くのファイナンシャルプランナーは、医療保険には加入していませんよ。

◎定期保険特約付終身保険の見直し方

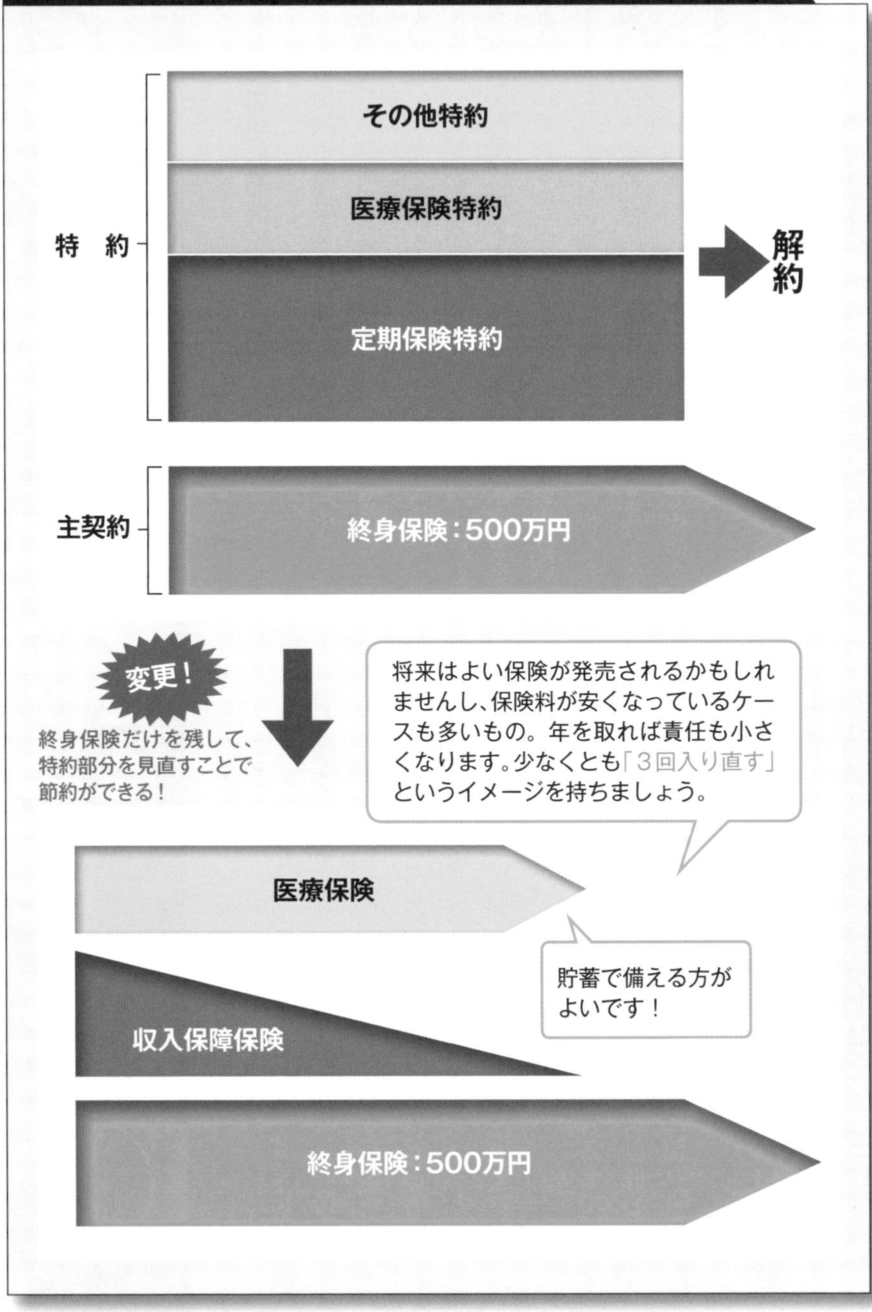

特約
その他特約
医療保険特約
定期保険特約
→ 解約

主契約
終身保険：500万円

変更！
終身保険だけを残して、特約部分を見直すことで節約ができる！

将来はよい保険が発売されるかもしれませんし、保険料が安くなっているケースも多いもの。年を取れば責任も小さくなります。少なくとも「3回入り直す」というイメージを持ちましょう。

医療保険
貯蓄で備える方がよいです！
収入保障保険
終身保険：500万円

保険の裏ワザ

新しい保険に加入するときは、加入期間をダブらせる

◇保険の空白期間に注意して

生命保険や医療保険に加入する際、告知や診査は必須。健康診断で異常を指摘されたり、病後間もない人は、新たな保険に加入することができません。

もし、死期が迫っている人や、これから入院しそうな人が保険に加入すると、保険会社は保険金を支払う確率が高くなってしまいます。保険金の支払いがかさむと、保険料の値上げにつながります。保険料の値上がりは、契約者にとってよいことではありませんね。というわけで、告知や診査という方法をとって保険を引き受け人を選んでいるわけです。

このように新しい保険の契約をしても、保険会社に引き受けてもらえないかも知れません。数値にもよりますが健康診断書に要経過観察とあるだけで、断られる場合も。

新しい保険に入ったからといって、**すぐに前の保険を解約してはいけません**。通常、新しい保険に加入すると1回目の保険料をすぐに払う必要があります。二重に保険料を払うのは「もったいない」とついい前の保険を解約したくなりますが、ちょっと待ってください。もしかしたら、新しい保険に加入できないかもしれません。

仮に加入できても、責任が開始されるまでのわずかな空白期間に何かあったら保障はゼロ。肝心なときに保険を使えないのでは、何のために長い間保険に加入してきたのかわかりません。

新しい保険に加入するときは、もったいないと思わずに、加入期間をダブらせることが鉄則です。なお、**がん保険の場合は、3ヵ月以上ダブらせて**ください。

◎審査が通るまで解約はがまんする

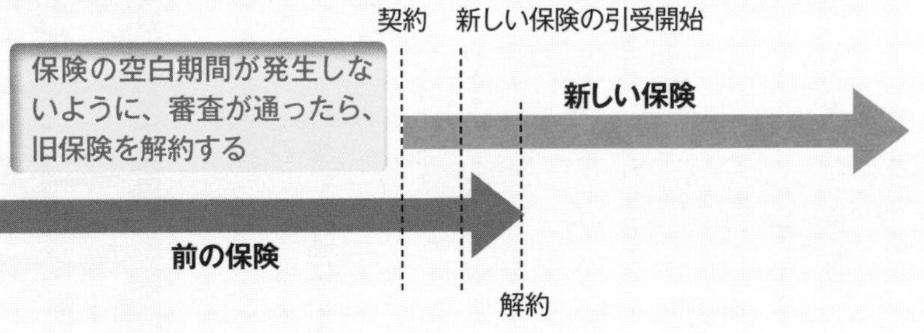

◉告知書概要　質問項目について（一例）

1. 記入日（契約申込日・意向確認日・告知日）

2. 被保険者の職業について

3. 現在入院中ですか？
または最近3ヵ月以内に入院・手術（帝王切開・内視鏡手術・レーザー手術なども含む）・検査をすすめられたことがありますか？

4. 過去5年以内に下記の病気や異常で、医師の診察・検査・治療・投薬をうけたことがありますか？
がん（悪性新生物）、糖尿病（高血糖や糖尿病の疑いを含む）、心臓病・動脈の疾患（不整脈を含む）、脳卒中、慢性肝炎、肝硬変、肺気腫、肺線維症、塵肺、慢性気管支炎、慢性腎炎、ネフローゼ、リウマチ、こうげん病、かいよう性大腸炎、クローン病、免疫不全症、原発性筋障害、精神や脳・神経の病気や異常

5. 過去5年以内に手術（帝王切開・内視鏡手術・レーザー手術なども含む）をうけたこと、または継続して7日以上の入院をしたことがありますか？

6. 過去2年以内に健康診断・人間ドックで異常の指摘をうけたことがありますか？
（異常の指摘とは、経過観察や再検査、治療をうけるように指摘されたことをいいます。検査・再検査の結果、異常がなく診療完了した場合は除きます）

7. 過去2年以内に医師から診察・検査をうけるようすすめられたことがありますか？　または、医師の診察・検査・治療・投薬を7日間以上にわたってうけたことがありますか？

8. 現在手・足の欠損または機能に障害がありますか？ または背骨（脊柱）・視力・聴力・言語・そしゃく機能の障害、著しい記憶の障害、知的障害がありますか？

保険の裏ワザ

保険の種類を変更できるって本当ですか？

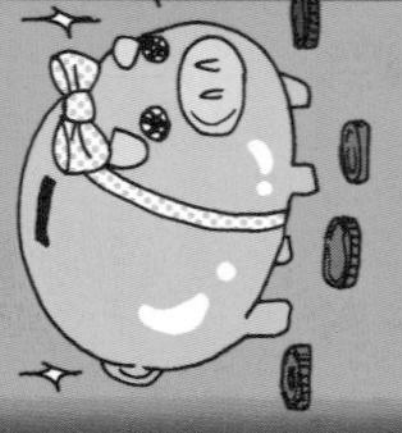

◇余命宣告をされてもあきらめるのは早い

「がんなどの重い病気にかかり、余命１年と医師から伝えられました」

こんなとき加入している保険が「収入保障保険」だったらどうでしょう？

夫に長生きしてもらいたいけど、長生きすればするほど、保険金が少なくなるというジレンマに悩むことになるかもしれません。

通常、余命の宣告は短めにすることが多いといわれています。たとえば、余命１年と伝えた患者さんが３ヵ月で亡くなったとします。余命よりも９ヵ月も早く死んでしまったと思われてしまいます。

しかし、最初から余命３ヵ月と伝えて１年間生きられたら、「１年間よくがんばったね、よかった、よかった」となりますよね。

そもそも余命というのは「これぐらいに死亡するだろう」という推定値ではありません。**この病気、または同じ症状の人のまん中の人の寿命が余命という意味**なのです。

個人がどれぐらい生きるのかはわからないので、統計上の目安として余命を使います。

「あなたのような症状の人が１００人いたら、このうち51人目の人が１年で亡くなっています」

このように考えるとわかりやすいですね。

ですから、余命１年といわれて何年間も生存している人は珍しくありません。

◇保障の減少を食い止める

では、余命宣告された人が収入保障保険に加入し

◎保険の種類を変更する

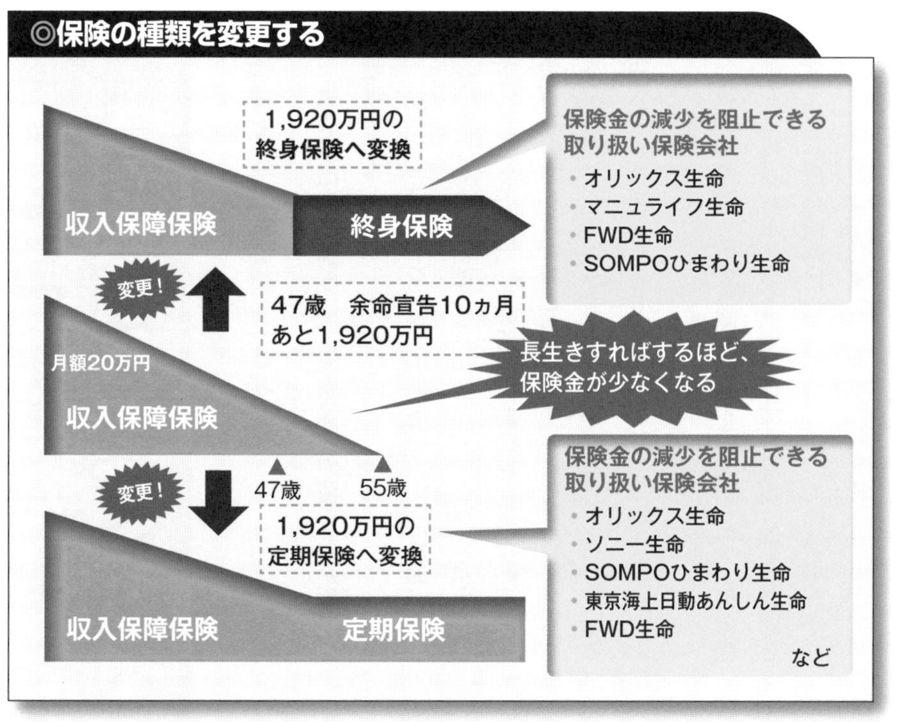

ている場合や、定期保険の満期がもうすぐ来てしまうといった場合、どのように対処したらよいのでしょうか。

収入保障保険は、毎月保険金が減っていく保険です。上図のまん中の収入保障保険は月額20万円です。つまり毎月20万円ずつ保険金が減り、55歳でゼロになってしまう契約です。

ところが、この保険金を減らないように変更することを**「変換」**と呼びます。

「変換」は**収入保障保険を終身保険や定期保険に変更して保険金の減少を食い止める**ことです。

メリットは、なんといっても告知や診査が必要ないこと。これなら余命宣告が行われたとしても、保障を引き延ばすことができます。

具体的には、「契約のはじめから終身保険や定期保険に加入していた」とみなして、その分の保険料を払います。もし、終身保険を選ぶと、保険料は驚くほど高額になってしまいます。定期保険に変換するほうが現実的でしょう。

保険の裏ワザ

「患者申出療養制度」を使って負担額を軽くする

◇「患者申出療養制度」とは

患者申出療養制度は、健康保険の使えない療費と受けるときが対象です。

一例をあげますと、がんの治療で「国内において承認されていない新薬を使用したい」と考えたとします。通常であれば、その新薬の薬代を含めた診療費や治療費のすべてが自己負担となってしまいます。もちろん入院料、検査などの技術料も含めていっさい健康保険が使えなくなります。いわば、「自由診療」という位置づけです。

我が国では、「混合診療の禁止」といって、健康保険が適用される診療と健康保険の適用される範囲を越えた診療を同時に行う場合、すべての診療費が自由診療となってしまい、健康保険を使うことができなくなります。

患者申出療養の承認を受けると、「健康保険の範囲を超えた部分」は全額が自己負担となりますが、「健康保険の範囲内の診療」については、健康保険を使うことができます。患者からの申し出をもとに審査を迅速に行い、かかりつけ医などの身近な医療機関で先進的な治療を受けることができます。

具体的にはその医療がきちんと患者自身に効くかどうか、大きな副作用の心配はないか、科学的な根拠はあるか、また、どのような医療機関や医師でその治療を実施できるのか、などを患者申出療養に関する国の会議で審査をおこないます。審査には6週間程度かかります。

患者申出療養として認められた場合には、健康保険が適用される医療費については3割負担ですみま

◎患者申出療養制度のしくみ

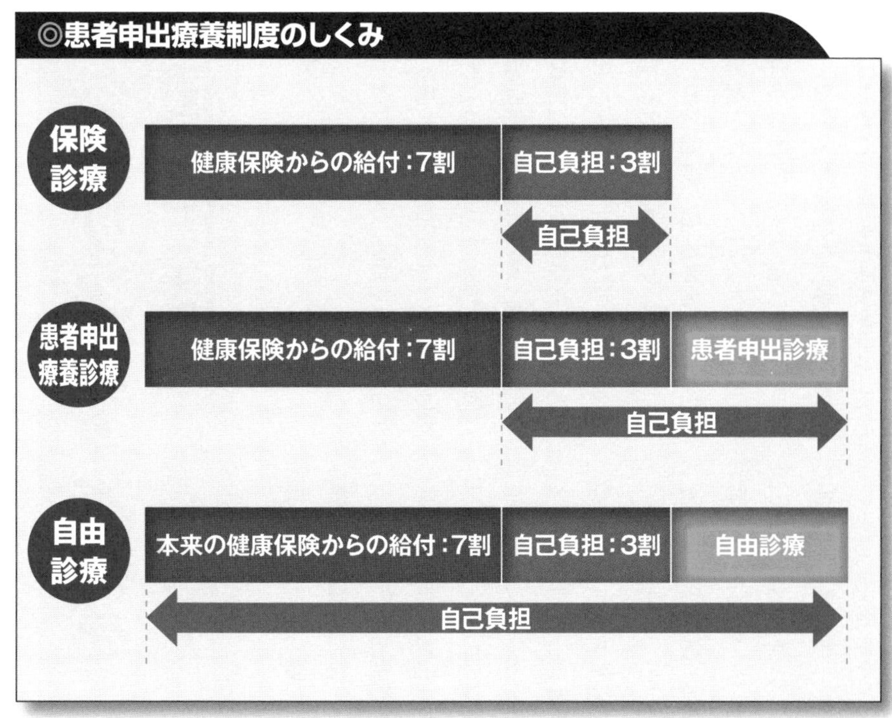

すが、健康保険の適用外のついては全額自己負担となります。

では、患者申出療養と先進医療との違いはなんでしょう？

先進医療は厚生労働大臣が認めた一定の基準を満たす技術が対象となります。たとえば、がん治療には陽子線治療がありますが、現在日本全国で19ヵ所の医療機関でしか実施していません。重粒子線治療に至っては、全国でわずか7ヵ所です。

患者申出療養は、身近な医療機関に実績がある場合には、その医療機関で受けることができます。この制度により、治療の選択肢は増えていくでしょう。

保険会社は患者申出制度に対応する医療保険を続々販売してきました。たとえば、なないろ生命の「なないろメディカル礎」、メディケア生命の「新メディフィットA」などです。

しかしながら、患者申出療養の技術数は、2021年6月末で、8種類、実施施設は23施設のみ。この制度はそれほど活用されていないことが分かります。

COLUMN

クーリング・オフを使うには

◆8日以内ならば撤回できる

クーリング・オフとは、いったん申し込んだ契約でも、考えが変わった場合、その契約を無条件で撤回できる制度です。保険契約は、8日以内であれば無条件で契約の申し込みを撤回したり、契約を解除したりできます。

8日間は、申込書または契約書のどちらか早いほうを受け取った日から数えます。たとえば、8月1日に契約を結んだ場合は8月8日までに、書面（はがき可）またはメールなど、電磁的記録で行います。電磁的記録によるクーリング・オフの通知先や具体的な方法は、契約書に書いてあるので探してみてください。送信したメールや、ウェブサイト上のクーリング・オフ専用フォーム等の画面のスクリーンショットを保存しておくことが大切です。もし、クレジットカード払いを選んだ場合には、保険会社とクレジット会社の両方に通知してください。はがきの場合は両面のコピーを取っておきましょう。投函したという証拠が残るように、「特定記録郵便」または「簡易書留」など、発信の記録が残る方法で送付してください。

なお、通信販売やインターネット、保険会社や保険ショップにて契約を行った場合にはクーリング・オフできません。

クーリング・オフ申出の記入例

○○生命保険相互（株式）会社御中
私は契約の申込撤回を行います。

・契約者　横川由理
・領収書番号　12345678
・住所　東京都○○市○○ 1-1-1
・氏名　横川由理

申込書に押印した場合は、同じ印を押印する

COLUMN

保険料免除特約は付けたほうがいいのか？

◆がんになったら保険料は払わなくてもいい！

『以後の保険料はいただきません』

こんなフレーズを聞いたことはありませんか？　保険会社の定める所定の状態になった場合、あるいは所定の状態が一定期間、継続した場合に、それ以降の保険料を免除してくれる制度です。

重い病気にかかると収入が減ったり、治療費の負担が大きくなってしまいます。そんなときに保険料を免除してくれると、ありがたいものですね。

保険料免除には、保険に自動的にセットされているものと、特約保険料を支払うことで免除されるものの2種類があります。

①自動的にセット：死亡保険、学資保険など

・被保険者（学資保険は契約者）が不慮の事故に遭い、事故の日からその日を含めて180日以内に、約款に定められた所定の障害状態になると、以後の保険料払い込みが免除される。

②特約としてセット：保険料払込免除特約

・がん保険⇒悪性新生物と診断されたとき

・特定疾病⇒がん（悪性新生物）、急性心筋梗塞、脳卒中と診断されて所定の状態となったとき。

保険会社によっては、がん（悪性新生物）、より範囲を広げて心疾患、脳血管疾患と診断されたときとする場合もあります。

そのほか、所定の就労不能や要介護状態に該当したとき、あるいは9つの重度生活習慣病で所定の状態に該当したときなど、より広い範囲で保険料が免除になる特約もありますが、その分の保険料は高くなります。

COLUMN

夫が契約者だったばかりに余計な税金が…

◆受取人で変わる税額

生命保険金には税金がかかります。もっとも一般的には、相続税の対象なので、それほど大きな税金はかかりません。

〝一般的〟というのは、たとえば夫が契約者と被保険者で、受取人が妻や子どもなどの相続人の場合です。**保険金は、相続人に応じた非課税枠が設けられており**、税金の負担が軽くすむご家庭がほとんどになります。

ところが妻が死亡した場合は、予期しない税金問題が生じることがあります。

それは妻の死亡保障を夫の保険の特約として付加しているときに起こります。これは契約者が夫、被保険者が妻、受取人が夫のケース。妻が死亡すると保険金は夫の所得として、所得税と住民税の対象になります。このような場合は、驚きの重税となってしまうでしょう。

通常、夫は働いているため所得があります。働いた所得と保険金を合計して税金を計算するので、高額な税金を負担しなければなりません。

もちろん、保険金の全額に課税されるわけではありません。死亡までに払った保険料と50万円の特別控除がありますし、さらに半分にしてくれます。

とはいえ、1000万円の保険金を受け取って保険料が10万円だった場合、470万円分の所得がプラスになります。この結果、所得税率が20%なら、住民税との合計が141万円もかかります。

このように**契約者と被保険者が誰であるかによって税金は大きく変わります。**

よほど財産が多い人でない限りは、相続税の対象となるように、契約者と被保険者を同じ人にして契約をしましょう。

◎死亡保険金を受け取ったときにかかる税金の種類

契約者	被保険者	受取人	税金の種類
夫	夫	妻や子などの相続人	相続税（法定相続人1人つき、500万円が非課税）
夫	妻	夫	所得税・復興特別所得税・住民税
夫	妻	子	贈与税

◎契約者と受取人を夫にしたケース

契約者：夫　被保険者：妻　受取人：夫

死亡

夫　妻　夫

生命保険金1,000万円　払い込んだ保険料合計10万円

◎税金の計算

（1,000万円－10万円－50万円）×1/2=470万円

〈夫の課税所得税率=20%の場合〉

所得税470万円×20%=94万円

住民税470万円×10%=47万円

合計　141万円

COLUMN

あなどるなかれ「ウソの告知」

◆告知義務違反に時効はない？

もし、ウソの告知をして保険に加入した場合、どんなことが起こるのでしょうか。生命保険や医療保険を契約するときには、健康状態や職業などを申し出ます。たとえ、風邪などの軽い症状で医師にかかっているときであっても、告知する義務は生じるのです。「これくらいなら大丈夫」と思うのは危険です。保険に入りたいときは、保険金をもらえそうなとき。何か問題があっても、つい、黙っていればわからないと思いがちですが、正直に申し出ないと契約を解除されるばかりか、払った保険料も返ってきません。

約款には、「解約返戻金があればお支払いします」とありますが、そもそも最近の保険は解約返戻金がないものがほとんどです。1円も返ってきません。

よく、「2年経てばウソの告知をしても保険会社は解除できない」といわれますが、これは間違い。たとえ2年を過ぎてから入院給付金を請求しても、2年以内に入院や手術などの支払の対象となっている場合は、たとえ、その給付金の請求をしなくても解除されてしまいます。

なぜなら、給付金や保険金を請求する時効が2年だからです。2年以内の保険金をさかのぼって請求できるため、その時点で解除となるわけです。

保険会社の調査が入った場合は、健康保険証を使った全医療機関に及びますから、すべてわかってしまいます。

「告知は正直に」というのが鉄則です。

少々補足をしておくと、告知義務違反とは関係ない交通事故などが原因の場合は、保険金が支払われます。

Part 7

節税になる
お得ワザ

ここが肝心！
貯蓄アップの方法

節税になるお得ワザ

みんなが使える確定拠出年金（iDeCo）

◇確定拠出年金を賢く活用

確定拠出年金は「節税」しながら、定期預金や個人年金保険、投資信託など、幅広い金融商品を購入することが可能です。確定拠出年金は、誰でも加入することができます。

会社員の場合、企業年金のある企業にお勤めの人も多いと思います。

企業年金には、2種類あります。ひとつは年金額を企業が保証してくれるタイプ。もうひとつの確定拠出年金は、自分の年金は自分の責任で運用を行なうタイプです。企業によっては「マッチング拠出」という制度を設けており、従業員も掛金を支払うことができます。

一方、会社員のうち一定の人、公務員と自営業、専業主婦の人は自分で掛金を払うことで、この制度の個人型（iDeCo／イデコ）に加入することができます。iDeCoはたとえ会社員であっても、個人型なので掛金は自分で支払います。

確定拠出年金は一人ひとりに専用口座が設けられ、掛金が自分の口座に積み立てられます。そして、自分で運用商品を決めていく必要があるのです。

運用の結果、資産が大きく目減りしてしまうこともあるでしょう。自己責任型の年金というのは、こういう意味になります。

◇節税のメリットを最大限に活かす

冒頭の「節税しながら」という意味は、自分で払った**掛金が「所得控除」の対象となる**からです。所得控除とは、まさに所得から控除するもの。

◎税率別の節税早見表

▶年間で12万円の掛金を払ったケース

所得税率	10%	20%	23%	30%
所得税の還付分	1万2,000円	2万4,000円	2万7,600円	3万6,000円
住民税との合計節税分	2万4,000円	3万6,000円	3万9,600円	4万8,000円

▶自営業者が年間81万6,000円の掛金を払ったケース

所得税率	10%	20%	23%	30%
所得税の還付分	8万1,600円	16万3,200円	18万7,680円	24万4,800円
住民税との合計節税分	16万3,200円	24万4,800円	26万9,280円	32万6,400円

つまり支払った掛金分の所得は、なかったことになるため、その分の税金がかからなくなります。

もし、1ヵ月に1万円の掛金を払った場合は、12万円分の所得が低くなります。所得税率が10％の人なら、住民税の10％と合わせて20％、2万4000円分の税金が安くなるでしょう。

一方、自営業の人は、1年間に81万6000円まで掛金を払うことができます。所得税の税率が10％なら16万3200円の節税ができます。

銀行に1万円ずつ預金しても、1円も節税できないことに比べてずいぶんお得だと思いませんか？　所得税率がもっと高い人なら、さらに節税効果は高くなります。

その代わり、60歳になるまで引き出すことはできません。あくまでも老後の資金に備えるという前提で成り立っている制度です。

ただし、60歳以降に受け取る年金や一時金は、全額が所得税と住民税の対象となります。受取時にもシミュレーションを行うことが大切です。

節税になるお得ワザ

iDeCoの売却益も非課税？

◇お得がいっぱい

大きな節税効果を期待できる確定拠出年金ですが、運用の結果、「大きく元本が減ってしまった」という事態に陥るかもしれません。ですが、投資信託で運用するということは必ず下がります。しかし、必ず上がります。大切なことは下がっているときも、その投資信託を買い続けること。いずれ上がります。

口座内で運用する商品は簡単に変更することができますし、利益に対する税金もかかりません。たとえば、「投資信託がかなり値上がりしているので、今のうちに売っておこう」という場合でも、**売却益は非課税**です。通常は売却益に対して20％の税金がかかりますが、掛金を払ったときとダブルで節税できるわけです。

確定拠出年金は、普通に預金や投資信託を購入するよりずっとお得な制度であることがおわかりいただけるでしょうか。

意に反して、運用がうまくいかないケースがあるかもしれませんが、資産運用は上がったり下がったりの繰り返し。下がっているときに60歳になったとしても、そのまま運用を続けるという選択肢があるのです。現在は75歳まで運用を続けられます。

◇働き方によって違う限度額

確定拠出年金は個人型（iDeCo）と企業型の2種類。会社員や自営業者など、働き方に応じて掛金をいくらまで支払えるか異なります。個人型は、専業主婦や自営業、公務員はもちろん会社員でも加入できるケースがあります。掛金の上限は加入する制度

◎確定拠出年金の掛金はいくらまで払える？

種　類				拠出できる限度額／年
自営業者等				816,000円
会社員	企業型確定拠出年金なし	確定給付型年金	なし	276,000円
			あり	144,000円
	企業型確定拠出年金あり	確定給付型年金	なし	244,000円
			あり	144,000円
公務員等				144,000円
専業主婦等				276,000円

◎確定拠出年金のメリット・デメリット

制度のメリット

- 自分の金額が見える
- 自分で運用を決められる
- 節税できる

制度のデメリット

- 原則60歳までもらえない
- 運用の責任は自分で負う
- 受取時には全額が所得税の対象に

によって異なっています。（上図を参照）。

◇受取時に税制優遇がある

注意することは、受け取り時には全額が所得税と住民税の対象となることです。

もっとも、年金として受け取る場合は**公的年金控除**が、一時金の場合には、**退職所得控除**がそれぞれ適用されますから、全額に税金がかかるわけではありません。でも、公的年金が多い人や、退職金を受け取る人は税金の負担が増えてしまうため、受取方法を工夫する必要があります。

ｉＤｅＣｏの掛金の支払いは60歳までですが、国民年金に任意加入する人は65歳まで支払えます。

しかしこれは、国が「国をあてにしないで自分で自分の年金を作りなさい」といっていることと同じだということがおわかりになりますか？

自分で老後の資金を真剣につくる時代がやって来たといえるでしょう。

節税になるお得ワザ

積極的に活用したい財形貯蓄

◎確実に貯めたいなら「強制貯蓄」

「貯蓄をしたいのはやまやまだけど、できないので保険を利用しているんだ。解約するハードルが高いので、いずれは貯まるだろう」

そんな声をよく聞きます。いわば消極的に保険を利用している人が多いわけです。特に学資保険へ加入する理由として挙げている人が多いようです。

そんなあなたに質問です。会社員や公務員ですか？　お勤め先は財形貯蓄制度を行っていますか？

財形は、勤め先が金融機関と提携して、給料やボーナスから天引きでお金を貯める制度です

この「給料やボーナスから天引き」というのがポイント。つまり、給料が自分の口座に振り込まれる前に積み立てに回るわけです。考えようによっては、保険よりも確実にお金が貯まるしくみなのがおわかりになるでしょうか。

金利が低い今、そう増えることはありませんが、勤め先によっては、金利を上乗せしてくれることもあります。

財形貯蓄制度の種類は、「一般財形貯蓄」「財形年金貯蓄」「財形住宅貯蓄」の3つ。

お金を貯める目的に合わせて選んでください。「財形年金貯蓄」と「財形住宅貯蓄」の2つは、利子が非課税になるなどメリットがありますが、途中で目的外の払い出しをすると遡って利子に課税されます。

若い人の場合「一般財形」がよいでしょう。利子が非課税になるメリットはありませんが、通常の預貯金のように使い勝手がよいものです。ただし、インフレを考えてNISAなどと併用しましょう。

◎財形貯蓄の3つのタイプ

種類	一般財形	財形住宅	財形年金
目的	自由	住宅購入やリフォームの資金	老後の生活費
積立額	原則1,000円以上1,000円単位		
積立期間	3年以上（預け入れ後1年経過すればいつでも引き出し可能）	5年以上（住宅購入やリフォームのためなら5年未満でも引き出し可能）	5年以上（原則60歳以降に受け取り）
掛金	一般的な金融商品と同様、利息に20％課税される	「預貯金型」は財形年金と合わせて元利合計550万円まで非課税。 「保険型」は保険料総額が550万円まで、かつ財形年金と合わせて550万円まで非課税	「預貯金型」は財形住宅と合わせて元利合計550万円まで非課税。 「保険型」は保険料総額が385万円まで、かつ財形住宅と合わせて550円まで非課税

節税になるお得ワザ

自営業者なら付加年金は必須

◇2年で元が取れる！

会社員であれば、年金は国民年金と厚生年金の2階建て。さらに企業年金に加入している人も多いと思います。しかし自営業者の場合、国民年金にしか加入していない人がほとんどです。国民年金から受け取る年金を老齢基礎年金と呼びます。

2023年度における老齢基礎年金は満額で79万5000円。わずか1ヵ月に6万6250円です。仮に夫婦とも満額であっても、これではとても足りません。そこで自営業者なら付加年金への加入は必須だといえます。

自営業者本人はもちろん、配偶者で第1号被保険者に該当する人なら、**付加年金**に加入して年金額を増やしましょう。年金額はけっして大きくないものの、**払った保険料はたった2年で元が取れる**というお得感あふれる年金なのです。

付加年金は、国民年金保険料にプラスして、1ヵ月400円を支払っていきます。65歳時に老齢基礎年金の受け取りが始まると、払い込み月数×200円を受け取ることができるものです。

付加保険料を10年間にわたって支払うと、合計で4万8000円です。そして、1年目に付加年金2万4000円を受け取り、2年目にも2万4000円を受け取ります。これで払った分の4万8000円を回収することができました。

あとは長生きすればするほど、付加年金を受け取ることができるというしくみです。65歳から85歳まで生きたとすると、20年間の受け取りは、48万円。保険料の10倍となる計算です。

◎付加年金のしくみ

付加保険料
＋
国民年金保険料

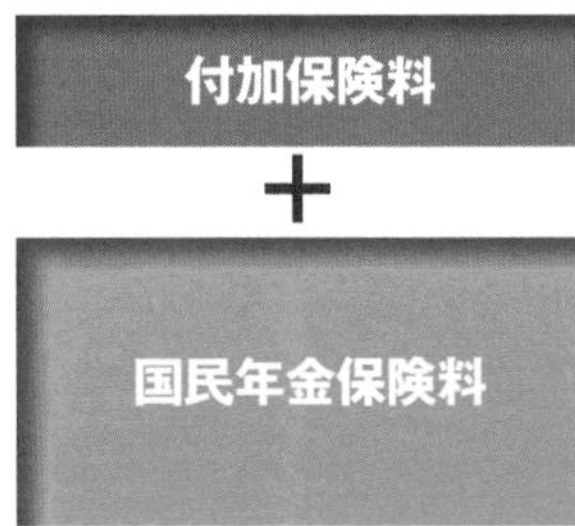

付加年金を10年間払ったら

- **付加保険料**
  400円×10年（120月）=48,000円
- **付加年金額**
  200円×10年（120月）=24,000円（年額）

わずか2年で元が取れるお得な年金

◎年金のしくみ

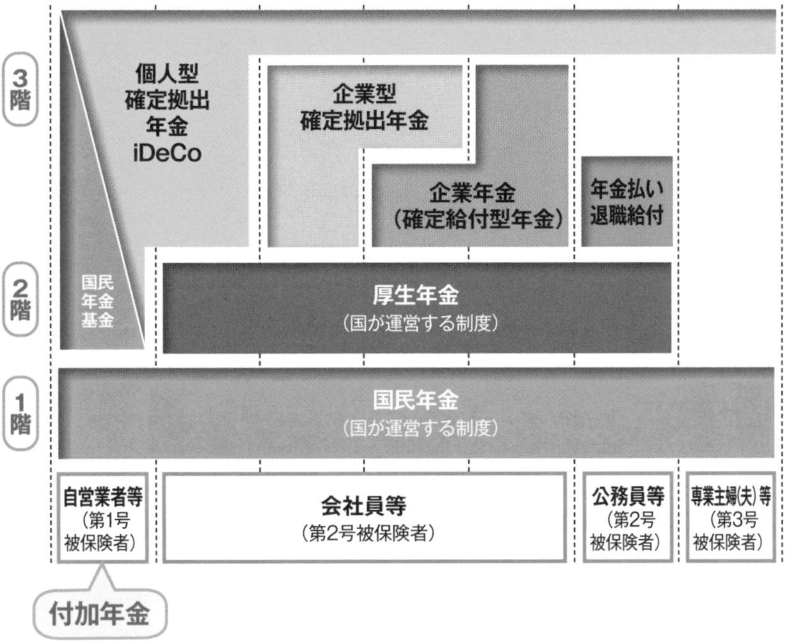
3階
2階
1階
個人型
確定拠出
年金
iDeCo
国民
年金
基金
企業型
確定拠出年金
企業年金
（確定給付型年金）
年金払い
退職給付
厚生年金
（国が運営する制度）
国民年金
（国が運営する制度）
自営業者等
（第1号
被保険者）
会社員等
（第2号被保険者）
公務員等
（第2号
被保険者）
専業主婦(夫)等
（第3号
被保険者）
付加年金

国民年金基金で年金アップ

◇自営業者ならではの節税効果も抜群

たしかに付加年金はとても効率のよい年金ではありますが、少々金額が少なすぎるのが難点です。そんなときは**国民年金基金**を検討するのもひとつの方法です。

国民年金基金は、20歳以上65歳未満の自営業者など、第1号被保険者が加入することができる公的な年金制度のひとつ。個人年金保険のように元本保証で、老後資金を貯めたいと思っている人にちょうどよい商品だといえるでしょう。

国民年金基金のメリットは、なんといっても、**掛金が全額所得控除の対象となる**こと。

国民年金基金は、確定拠出年金（198ページ）と併せて、1ヵ月に6万8000円（年間81万6000円）まで積み立てることができます。

たとえば、課税所得400万円で、国民年金基金の掛金が年30万円のケースを考えてみましょう。所得税と住民税の合計で約9万円分、軽くなり、実質の掛金は約21万円となる計算です。

現在は金利が低いので、長期にわたる固定金利型の商品への加入はおすすめしませんが、これだけ節税効果があるのなら話は別。十分に検討に値するはずです。節税効果は本人の所得や掛金によって異なります。国民年金基金の年金シミュレーションで実際の節税額を見てみましょう。

受取時には、所得税の対象になりますが、自営業なら公的年金控除の範囲内におさまるでしょう。なお、国民年金基金には付加年金が含まれているので、二重に加入することはできません。

◎国民年金基金のしくみ

国民年金基金

（課税所得金額が400万円の場合）

●**掛金が年額30万円**

約9万円の所得税・住民税が軽減

実質の掛金は、約21万円
逆から考えると掛金21万円で
30万円貯まる？

●国民年金基金と同時に付加年金には加入することはできません。国民年金基金には最初から付加年金が含まれています。

	各都道府県の国民年金基金
積立限度額	月68,000円
受取方法	65歳から年金として受け取る
積立時の課税方法	掛金は全額、所得控除の対象となる
受取時の課税方法	公的年金控除額が適用される
注意点	確定拠出年金と合わせて、月68,000円が上限

節税になる
お得ワザ

NISAとiDeCoを使い倒す

◇NISAとiDeCoは最強の組み合わせ

保険を見直すと、お金が貯まります。そのお金はNISAとiDeCoで運用しましょう。よく、「NISAとiDeCoでは、どちらがいいですか？」と聞かれます。答えは、「両方とも行ってください！」なぜなら、両方を利用することで、それぞれのメリットとデメリットが相殺されるからです。

iDeCoは自分で掛金を払い、自分で運用する商品を選びます。運用商品は、金融機関によって異なりますが、定期預金や個人年金保険、投資信託など幅広いことが特徴です。

iDeCoで受けられる税制上の優遇は3つ。

① 運用益が非課税
② 拠出した掛金は全額所得控除
③ 受取時、年金は公的年金等控除、一時金は退職所得控除が適用される

普通であれば、投資信託で分配金や売却益などの利益が出た場合には20・315％の税金がかかりますが、iDeCoの場合は、非課税になります。

また、掛金は「小規模企業共済等掛金控除」として年末調整や確定申告で所得から全額控除することができます。その結果、所得税と住民税が軽くなります。

ただし、各種控除があるものの受取時は課税対象になることを忘れてはいけません。また、年金ですから60歳前に引き出すことはできません。これは、デメリットでもあり、メリットともいえます。なぜなら、もしも60歳前に引き出せてしまうと、老後の資金がなくなってしまうからです。

そこで使いたいのがNISAです。60歳前に使うお

◎

	iDeCo	NISA：つみたて投資枠	NISA：成長投資枠
年間の限度額	14.4～81.6万円 職業などによって異なる	120万円	240万円
積立・運用期間	積立；原則60歳まで （運用は75歳まで）	無期限	
生涯投資上限	—	買付残高合計：1,800万円	
投資方法	積立	積立	一括・積立
解約	60歳前は不可	可	
税金の取り扱い	受取時は課税対象	すべて非課税	
対象商品	金融機関によって異なる定期預金、投資信託など	国が定めた基準を満たす投資信託・上場投資信託	株式、投資信託、上場投資信託など

金、たとえば、住宅購入、教育資金などを貯めるのにちょうどよいのがＮＩＳＡです。

◇2024年から再スタートするNISA

まずは金融機関を決めてください。手数料などを考えるとＳＢＩ証券、楽天証券、松井証券などのネット証券を選ぶとよいですね。金融機関によって、取り扱い商品が異なります。ＮＩＳＡでは、基本的に株式と株式投資信託しか選ぶことができません。たとえば、日本株50％、先進国株50％など商品を指定し、毎月コツコツと積立てていきましょう。

ＮＩＳＡ口座で運用した場合にも、確定拠出年金と同じように分配金や売却益などの利益が非課税になります。

これからの世の中はインフレ時代。銀行に預けているだけではお金の価値が必ず目減りします。ＮＩＳＡやｉＤｅＣｏを活用して、賢く増やしていきましょう。運用資金は保険を見直して、作ってくださいね。

COLUMN

保険料控除を活用して賢く節約

◆保険料控除には3種類ある

生命保険に加入するということは、国をあてにしないで「自ら保険料を払って自助努力をしている」ということ。そんな人には、税金を安くしてくれるというご褒美が用意されています。

生命保険料控除は、保険料の一部を所得から控除するという制度。控除された分の所得が小さくなるため、その結果として、所得税と住民税の負担が軽くなるようになっています。

対象となる生命保険は、大きく3種類。

▼**一般の生命保険**（終身保険や定期保険など）

▼**医療・介護保険**（医療・がん・介護保険など）

▼**個人年金保険**（支払期間など一定の要件あり）

加入した時期によって控除額が異なりますが、2012年よりあとに契約した場合、それぞれ最大4万円の控除を受けることが可能です。住民税ではひとつの項目につき、2万8000円となっています。

会社員や公務員の場合、勤務先に生命保険の控除証明書を提出することで、年末調整を受けることができます。生命保険料の支払い義務は契約者にあります。生命保険料控除は契約者のみ使えると思いがちですが、実は例外もあります。

仮に契約者が妻だとしましょう。本来なら妻が保険料を払いますが、夫の口座から引き落としていることも珍しくありません。このように契約者が妻でも、夫が支払ったことが明らかである場合は、夫の生命保険料控除の対象となります。とはいっても、契約者が夫であるとみなされ、保険金が支払われる場合、税金の負担が重くなることもあります。

Part 8

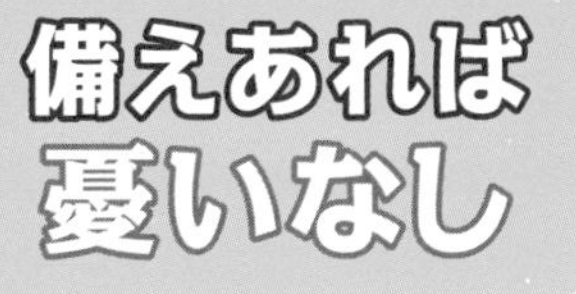

損害保険の賢い使い方

損害保険で備えるリスクとは

◇「危険がいっぱい」——リスクに備える

最近は集中豪雨や台風などで大きな災害が多発するようになりました。ひとたび災害や事故に巻き込まれてしまうと、私たちの生活は大きく崩れてしまいます。

自然災害のほかにも交通事故をはじめ、自転車による事故など、私たちの暮らしには災害に巻き込まれる可能性が数多くあります。

保険は、貯蓄では対処できないそんな「不測のリスク」に備えて加入するのでしたね。こういった大きな災害や事故に備える保険が「損害保険」です。

損害保険は、偶然の事故によって生じた損害に対して保険金が支払われます。

生命保険が人の命や病気を保障しているのに対して、**損害保険はおもに「モノ」に対する損害を補償する保険**だと考えてください。

具体的には次の3つの種類に分かれています。

①車や家など、モノに対する補償
②けがに対する補償
③損害賠償に対する補償

①は自動車保険や火災保険が代表的です。

②は人に関する保険ですが、損害保険では、けがでの入院や死亡を補償します。

③の損害賠償は、他人の物を壊してしまったり、人にけがをさせてしまったときなど、損害賠償責任に対する保険です。交通事故を起こしてしまった場合など、何億円もの損害賠償金を払う事態に陥ってしまうかもしれません。そんな日々のリスクに備えるのが損害保険の役割です。

◎生命保険と損害保険の違い

生命保険

命の保険
- 終身保険、定期保険、養老保険など
- 収入保障保険、逓減定期保険など
- 学資保険
- 三大疾病保険

生命保険・損害保険

入院の保険
- 医療保険など
- 所得補償保険など

老後の保険
- 個人年金保険など
- 介護保険など

損害保険

財産の保険
- 建物の火災保険
- 建物の地震保険
- 家財の火災保険
- 家財の地震保険

けがの保険
- 交通事故傷害保険、普通傷害保険など

レジャーの保険
- ゴルファー保険、旅行傷害保険など

自動車の保険
- 自動車保険（任意保険）
- 自動車保険（強制保険）

賠償の保険
- 個人賠償責任保険
- 借家人賠償責任保険

備えあれば憂いなし

自動車保険は2種類ある

◎自賠責保険は強制加入

自動車保険は**「自賠責保険」と「任意の自動車保険」の2種類に分かれています**。このうち、自賠責保険は法律で加入することが義務づけられており、車を登録したり車検を受けるために加入証明書が必要になります。

つまり、加入しないという選択肢はありません。公道を走るすべての車やバイクは、自賠責保険へ加入が義務づけられています。

◎任意とはいっても必須！

一方、任意の自動車保険は〝任意〟なので、加入が義務づけられているわけではありません。しかし、**任意保険は絶対に必要だ**といっても言いすぎではないのです。というのも、自賠責保険の保険金には限度額が設けられているからです。死亡事故の場合、被害者ひとり当たり3000万円が上限。これまでの最高額は5億円を超える賠償でした。

自賠責保険の後遺障害は、その症状に応じて最高4000万円となっています。治療費の上限は120万円。**交通事故では健康保険を使うことができません**。普段であれば3割負担の医療費も10割負担では、あっという間に120万円に達してしまうでしょう。

さらに、慰謝料や休業損害、診断書などすべてを含めて120万円が限度となっているのです。

大切なことは、**自賠責保険の対象は人に対する補償しかない**こと。これは「死傷させた相手だけにしか保険金が支払われない」という意味です。

◎賠償は高額になる

自賠責保険から払われる保険金の限度額

死　亡	3,000万円
け　が	120万円
後遺障害	後遺障害の程度に応じた等級によって75万円～4,000万円

対人賠償事故

認定総損害額	判決年月日	被害者 性年齢	被害者職業	被害態様
5億2,853万円	2011年11月1日	男性 41歳	眼科開業医	死亡
4億5,381万円	2016年3月30日	男性 30歳	公務員	後遺障害
4億5,375万円	2017年7月18日	男性 50歳	コンサルタント	後遺障害

対物賠償事故

認定総損害額	判決年月日	被害物件
2億6,135万円	1994年7月19日	積荷(呉服・洋服・毛皮)
1億3,450万円	1996年7月17日	店舗(パチンコ店)
1億2,036万円	1980年7月18日	電車・線路・家屋

出典：日本損害保険協会HP

たとえば、相手のトラックに高価な商品が積んであるかもしれませんし、ぶつかった相手が高級車かもしれません。ブレーキとアクセルを間違えて、お店に突っ込んでメチャクチャにしてしまったという事故もよく聞きます。

相手が人でないケースは、自賠責保険から1円も支払われません。任意保険は絶対に必要だというのはこんな理由があるのです。

◇4台に1台は無保険車のコワーい実態

多くの人が任意の自動車保険へ加入していると思いがちですが、ここに驚きの統計があります。

日本損害保険協会によると、任意の自動車保険の加入は68%。これは**街を走っている車の4台に1台は任意の自動車保険に未加入**であるということです。

無保険の自動車と事故を起こしてしまったらどうしますか？　自分が働けないという状態でも、相手からお金をもらえないかもしれません。ですから自分の**任意保険で自分を守るしか方法はない**のです。

備えあれば憂いなし

自動車保険の選び方

◇自動車保険の基本は4つ

安さを売り物にする通販型の自動車保険が増えてきました。特に事故を起こしたことがない人にとっては、保険料というコストを抑えたいものですが、必要な保障やサービスを削ってしまっては元も子もありません。しっかりとした補償を用意しつつも、不要な特約を外すという視点から、**自動車保険をカスタマイズする必要**があります。

カスタマイズといったのは、自動車保険はひとつの保険ではないからです。いろいろな保険がセットになっていて、そのうえでトータルの保険料が決まります。全体としての保険料が、安いのか高いのか、ということしか目に入りませんが、自動車保険を選ぶうえで、一つひとつの補償内容と補償額をチョイスすることが何よりも大切となります。

自動車保険は4つの補償を組み合わせて加入します。

①**相手への補償**（対人賠償保険・対物賠償保険）
②**自分や家族のための補償**（人身傷害補償保険・搭乗者傷害保険・無保険車傷害保険）
③**自分の車の補償**（車両保険）
④**特約**（弁護士費用・事故、故障付随費用特約・個人賠償責任保険など）

補償内容をよく見て、免責金額を設定したり、必要でない特約を外すなど見極めていきましょう。免責金額とは、自己負担する金額をいいます。

保険料見積もり一括サービスを活用する場合、自分が入力した補償金額を削ってまで安い保険料を提示する保険会社もあるので、細心の注意を払ってください。

◎任意自動車保険の補償範囲

	けが・死亡	物
相手	**相手の人が被害を受けた** **①対人賠償保険** ▶他人を死傷させたときに補償する保険。自賠責保険の限度額を超える部分に対して保険金が支払われる。 ▶1億円の賠償責任では、3,000万円が自賠責保険から、7,000万円が対人賠償責任保険から支払われる。	**相手の物が被害を受けた** **①対物賠償保険** ▶自賠責保険では補償されない他人の車や建物などの「物」を壊してしまったときに、保険金が支払われる。
自分	**自分や家族、または搭乗者が被害を受けた** **②人身傷害補償保険** ▶過失相殺分をカバーする保険。自動車保険は過失割合に応じて保険金が減額され、自分の過失分は支払われない。人身傷害補償保険は、減額されてしまった過失割合分を補償する。 ▶自分や家族が歩行中や他の車に乗っているときの事故も、補償する商品もある。 **②搭乗者傷害保険** ▶入院や通院、死亡などに対してあらかじめ定められた保険金が支払われる。	**自分の車が被害を受けた** **③車両保険** ▶補償範囲に応じて「一般」と「エコノミー」がある。 •**一般**：すべてのリスクに備える •**エコノミー**：電柱などの単独事故や当て逃げなど相手がわからないケースでは補償されない。
特約	④「弁護士費用等補償特約」「個人賠償責任保険特約」「対物修理費用超過特約」は必須。「弁護士費用等補償特約」は、日常生活中における偶然な事故に対しても、対応できるケースも。そのほか、「身の回り品特約」「代車費用」「事故時付随費用補償特約」「特定修理工場入庫特約」「生活用動産特約」など。保険会社によって名称が異なることもある。	

備えあれば憂いなし

車両保険には加入するべきか？

◇車両保険に入っておきたい人

相手への賠償は無制限で備えるものですが、悩みの種は車両保険です。というのも、「車両保険に入るのか？　入らないのか？」で、保険料は大きく違ってくるからです。

とくに事故を起こしたことがない場合は、「車両保険には入らない」ことを選択する人が多いようです。

しかし、免許を取りたてだったり、新車を購入したばかりの場合は、車両保険には入っておいたほうがよさそうです。

もちろん、「車を買い替えるお金はふんだんにある」というのなら話は別ですが、事故を起こす可能性の高い人、損害が高額になりそうな人、つまりリスクの高い人こそ、車両保険の加入を検討しましょう。

◇オールリスクとエコノミー、どちらがお得？

車両保険は、**オールリスクタイプとエコノミータイプの2種類。補償される範囲に応じて保険料が異なります**。

オールリスクタイプとは「一般」ともいわれ、車同士や自転車との接触事故をはじめ、火災、爆発、台風などの自然災害はもちろん、電柱にぶつかるなどの自損事故、盗難や当て逃げなど、ほとんどの事故が対象となっています。

エコノミータイプは、自損事故や当て逃げなど相手のいない事故、もしくは相手がわからない事故では保険金が支払われません。

たとえば、電柱に衝突したり、自転車との事故は対象外。その分、エコノミータイプはオールリスクタ

◎免責額別の保険料の違い

免責をつけた場合の保険料の比較（SBI損保）

車種：ヤリス（295万円）／記名被保険者50歳／26歳以上担保／家族限定／その他特約有

車両保険の有無と種類	おすすめプラン オールリスクタイプ	シンプルプラン エコノミータイプ
①車両保険の免責額：0（1回目）-10万円（2回目）	87,430円	52,850円
②車両保険の免責額：10（1回目）-10万円（2回目）	74,180円	46,570円
車両保険なし①：	35,650円	28,290円

事故の例

オールリスク型

- 電柱に衝突
- 自転車と接触
- 当て逃げ（相手不明）
- 転覆・墜落

＋エコノミー型

エコノミー型

- 火災・爆発
- 落書き・いたずら・窓ガラス破損
- 飛来中または落下中の他物との衝突
- 他の自動車との衝突・接触
- 台風・竜巻、洪水・高潮
- 盗難

イプと比べて保険料が少し安くなっています。

いずれにしても車両保険に入ると、保険料は倍増することになります。

◇免責をつけると保険料はダウン

車両保険料を節約するなら、**免責額を設定**しましょう。保険金を請求すると、翌年から3等級ダウンするうえに、「事故あり保険料」が適用され、保険料は相当高くなります。なので保険は使わないという選択をする人もいます。

こんなときに備えて最初から「免責額」を設定しておきましょう。

たとえば免責額を10万円に設定すると、10万円を超える損害しか補償されません。10万円以下の修理費用は「自腹を切る」と割り切ってください。免責額を高くすればするほど、保険料は安くなります。

トヨタのヤリス（295万円）で7等級の場合、一般8万7430円、免責10万円だと7万4180円、車両保険なしは3万5650円です（上図参照）。

備えあれば憂いなし

車以外の事故も補償する、役に立つ特約・役に立たない特約

◎なぜか、たくさんの特約がついている？

自動車保険に加入する場合、おすすめプランや充実プランなど複数の中から選ぶことが多いと思います。

しかし、自動車保険には多くの特約が付加されていることはあまり知られていません。特約といっても、役に立ちそうな特約から、そうでない特約まで千差万別。

何よりも特約の存在に気がついていないと、保険金の請求すらできなくなってしまいます。

◎欠かせない特約とは

絶対にはずせない特約は、**「対物超過修理費用特約」「個人賠償責任保険特約」「弁護士費用特約」**の3つ。

対物超過修理費用特約は相手の車の修理費用を補てんする保険です。

通常であれば、相手の車への損害は対物賠償保険の対象となりますが、修理費用が対物賠償保険の補償額を超えてしまうケースがあります。というのも、対物賠償保険の補償は時価額が限度だからです。

たとえば相手の車が購入から年数がたっており、時価が20万円だとしましょう。このときの修理費用が35万円かかるとしても、対物賠償保険からは時価額の20万円しか支払われません。となると残りの15万円は自腹となってしまいます。

超過した15万円を補償する保険。それが対物超過修理費用特約です。

個人賠償責任保険特約は、日常生活における賠償責任事故を補償する保険です。

◎必ず入ってほしい特約

特約名	対物超過修理費用特約	個人賠償責任保険特約	弁護士費用特約
内容または具体例	▶相手の車の修理費用が対物賠償保険の上限を超えてしまったとき。 〈例〉 ・車の時価：20万円 ・修理費用：35万円 差額の15万円が支払われる。	・店の商品を壊した。 ・子どもが隣家の窓ガラスを割った。 ・マンションで水道管が詰まり、階下の部屋が水浸しになった。 ・自転車で人を死傷させた。 ・飼い犬が他人にかみついた。 など	▶相手のセンターラインオーバーや、信号待ち中の追突など、自分の過失がゼロの場合が対象。 ▶個人賠償責任保険特約の対象となるときの弁護士費用も。
保険料の目安	570円	2,100円	2,200円

（注）保険料は保険会社や等級などによって異なります。

自動車での事故以外で相手にけがをさせてしまったり、他人の物を壊してしまった場合などが対象です。ほかにも、お店の商品を壊してしまった場合や、自転車で他人を死傷させたときの賠償責任など幅広く補償されます。

弁護士費用特約は、もらい事故など自分に責任がない事故にあってしまったときに必要になる特約です。

自分に責任のない事故（過失割合ゼロ）の場合、保険会社は示談交渉を行うことができません。こんなときは自力で弁護士に依頼をする必要がありますが、そんな費用を補償するものです。

個人賠償責任保険を使うときの弁護士費用も含まれるので、心強い特約だといえるでしょう。

そのほか、**携帯品損害負担特約**（身の回り品）や**代車費用特約**など多くの特約が存在します。

もちろん特約をつければつけるほど保険料が高くなるので、自分や家族にとって役に立ちそうな特約と、そうでない特約を見極めることが大切となります。特約の名前は、保険会社によって異なります。

備えあれば憂いなし

建物と家財は別々に加入する火災保険

◇家財保険のほうが大事な火災保険

持ち家でも、賃貸にお住まいでも火災保険には加入しておくべきでしょう。なぜなら隣からのもらい火で家が燃えてしまっても、火元人へ、損害賠償を請求することができないからです。自分が火事を起こすリスクはもちろん、もらい火に対しても、火災保険で備える必要があります。

火災保険というと、火事しか補償されないイメージがありますが、集中豪雨や落雷をはじめ台風、雪による災害、そのほか破裂や爆発など、さまざまな事故を補償しています。**実は火事よりも災害のほうが保険金の支払いが多い**のです。

災害にあって困るのは建物だけではありません。家財道具を一式、買い直すにはまとまったお金が必要になります。建物よりも、家財のほうが被害を受けやすいともいえます。放水で家財が水浸しになったり、落雷でテレビやパソコンが壊れたという話もよく聞きます。

火災保険は**「建物」と「家財」は別々に入るしくみ**ですから、家財への保険の有無を確認しておきましょう。地震の場合にも、建物より家財への被害のほうが圧倒的に多いのです。

火災保険のタイプは、水災や盗難が補償される**通常のタイプ**と**エコノミータイプ**（保険会社によって名称は異なる）の2つがあります。

最近では、テレビを落として壊したなど不測かつ突発的な事故にも備えることができます。なお、**火災保険にも、個人賠償責任保険特約や弁護士費用特約を付加することが可能**です。

◎火災保険の補償内容

基本保障

火災のリスク

火災、落雷、破裂・爆発

自然災害のリスク

風災、ひょう災、雪災、水災

災害のリスク

物体の落下・飛来・衝突など、水濡れ、労働争議に伴う破壊行為、盗難、不測かつ突発的な事故

各種費用保険

事故時諸費用保険金、損害防止費用保険、残存物取片付け費用保険、地震火災費用保険

オプション（主な特約）

- **建物の追加補償**

ドアロック交換費用補償特約
防犯装置設置費用補償特約
建て替え・取り壊し費用補償特約
バルコニー等修理費用補償特約
臨時賃借・宿泊費用補償特約
敷地内構築物修復費用補償特約

給排水管やトイレの詰まり、水のあふれなどの場合、専門の業者を手配、応急修理や玄関ドアのカギを紛失してしまった場合、直接カギあけを行ってくれたりと、付帯サービスも充実

- **家財の追加補償**

持ち出し家財補償特約
美術品等の明記に関する特約

- **ご近所への補償**

類焼損害補償特約

- **他人への補償**

個人・受託品賠償責任補償特約

- **その他の補償**

支払用カード・個人情報不正使用被害等補償特約

備えあれば憂いなし

災害頻発、保険料上昇に備え長期で契約

◇火災保険も見直しを

生命保険の見直しは常識となりつつありますが、火災保険を見直す人は少ないのではないでしょうか。損害保険には、いつでも契約の変更ができるという特徴があります。

住宅ローンを組んでいる人であれば火災保険へ加入しているものですが、ほとんどの場合、建物にしか保険をかけていないと思います。

たとえば、フラット35で住宅ローンを組んでいる場合、火災保険に質権が設定されていることがあります。これは、火災保険金で住宅ローンの残りを払うために「金融機関が保険金を受け取る権利を持っている」という意味。

火災保険金を受け取ると住宅ローン自体はなくなります。しかし、もう一度住宅ローンを組まなければ家を再建できない場合が多いでしょう。そんなとき少しでも多めの保険金を受け取るには、家財にも保険を掛けておいたほうがよさそうです。

◇24年度に過去最大の値上げ

マンションの上の階に住んでいるなら、床上浸水となる可能性は低いと思います。こんなときは水災を外すなど、補償される範囲をしぼると保険料が安くなります。

また、**火災保険は1年ごとに更新するのではなく、何年か分をまとめて支払うと割引を受けられる**というメリットがあります。現在のところ5年が最長です。

相次ぐ自然災害。火災保険の保険料はどんどん高

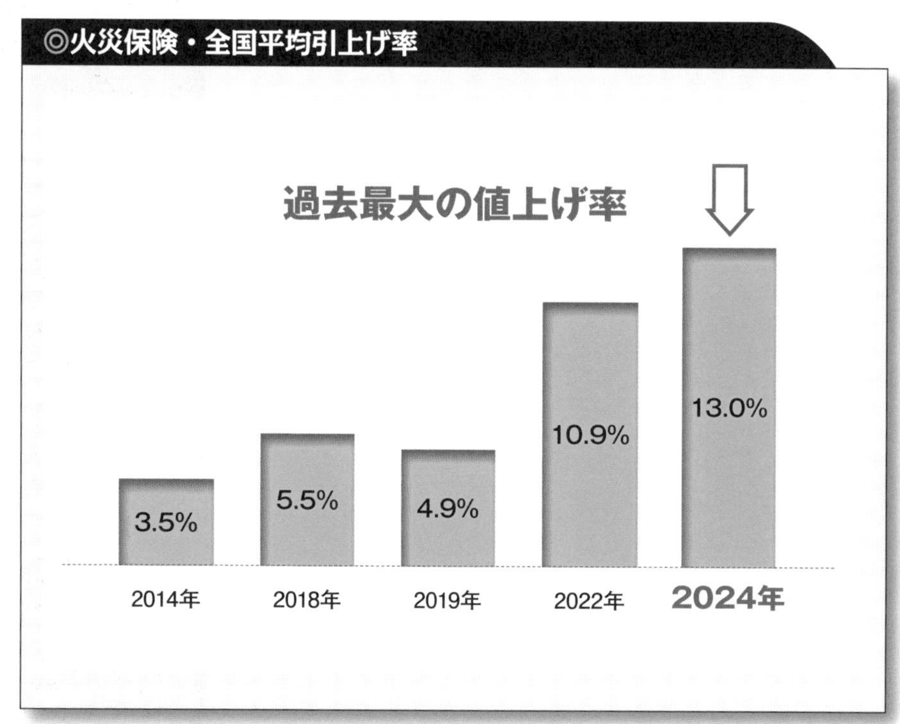

くなっています。損害保険料率算出機構は、2023年6月、個人向けの火災保険の保険料の目安となる参考純率を全国平均で13・0%引き上げることを発表しました。

参考純率は損害保険料率算出機構が算出する純保険料（67ページ）のことです。

参考純率の引き上げは2年ぶりで、過去最大の引き上げ幅です！　上の図のとおり、保険料は上がり続けているわけです。

また、水災について、これまで全国一律であった料率を市区町村別のリスクに応じて5段階に分けられます。保険料が最も安いのが1等地。5等地の保険料は、1等地と比べて約1.2倍となります。水災というと大雨による洪水や土砂崩れをイメージしますが、実は市街地であっても、排水施設の能力不足でマンホールから水があふれ出すこともあるのです。

今回の改定は2024年度中といわれていますが、詳しい日付は発表されていません。参考までに22年度の値上げは10月1日に行われました。

備えあれば憂いなし

地震保険は、生活を立て直すために必須

◇加入者は年々増えている

「火災保険は入っているけど、地震保険には入っていない」という人が多くいらっしゃいます。

その理由を尋ねると、「ここは大丈夫」とか、「保険料が高い」「必要性を感じない」という声が圧倒的に多いのではないでしょうか。

２０２２年度末の調査によると、地震保険の加入率は全国平均で69・４％でした。

２００９年の加入率が46・５％でしたから、東日本大震災後は約20％以上の人が新たに加入したことがわかります。

地震保険の必要性を感じている人が増えてきていることがわかります。

◇被災後の生活再建に備える

たとえ、火事で家が焼えてしまったとしても、その原因が地震や噴火のときには、火災保険からは保険金が支払われません。

地震や噴火、そして津波に備えるのなら、火災保険に地震保険をセットして加入しなければなりません。地震保険は、国と保険会社が共同で運営を行っています。そのため地震保険はどの保険会社で加入しても保険料は同じとなります。

地震保険の補償額には、**上限が定められています**。火災保険金の30％から50％の範囲内で、さらに建物は５０００万円、家財は１０００万円までとなっています。

このように地震保険の補償額には限度がありますから、建物や家財について、これまでと同じランクの

◎地震保険のしくみ

▶地震保険の保険金

火災保険
2,000万円の場合 → **地震保険は、600万円から1,000万円まで**

地震保険は、火災保険の30%から50%の範囲内で、上限は建物5,000万円、家財1,000万円となる。

▶地震保険の保険料

保険料は所在地や建物の構造に応じて決まり、保険会社による違いはありません。地震保険は5年が上限となっています。

商品や建物を購入しなおすことはできませんが、特約をつけると火災保険と同じ金額を受け取れます。たとえば、

- **損害保険ジャパン　地震危険等上乗せ特約**
- **東京海上日動火災　地震危険等上乗せ補償特約**
- **ソニー損保　地震上乗せ特約　など。**

地震保険は、避難所からアパートへ移ることや、中古車を購入するなど、新しい生活をスタートするための資金となります。

地震や津波で家を失ってしまった場合、「国や自治体が助けるべきだ」という考え方もありますが、その金額はごくわずか。自治体によりますが、家の全壊は10万円程度としている場合が多いと思います。ほかに、国の災害弔慰金が最高500万円支払われますが、こちらは死亡したときが対象になります。

貯蓄で補うことができない不測の出費にこそが保険の存在意義です。

なお、所得税や住民税には地震保険料控除が設けられ、地震保険に加入している人の税金を安くしてくれます。

備えあれば憂いなし

加入が義務化された自転車保険

◇膨大な賠償金で自己破産も

10年近く前になりますが、「自転車事故での損害賠償額が9500万円」という事故が発生しました。この事故は、当時小学校5年生の男の子が自転車で歩行中の女性とぶつかり、保護者である母親に対して請求されました。これほど高額でなくとも、数千万円単位の自転車賠償事故は数多く起こっています。

交通事故の発生数は年々少なくなっているのに対して、自転車事故の割合は増えています。

加害者になるのも困りますが、反対に**被害者になったとしても、賠償金や治療費を受け取れない可能性が高い**ことをご存知でしょうか。

加害者側に払うお金がなければ、どうにもなりません。差し押さえできずに、泣き寝入りする人も多いと聞きます。

とはいえ、この9500万円の被害者の場合、被害者自身の保険会社から6000万円が支払われていました。通常、人身傷害補償保険は3000万円や5000万円を上限に設定している人が多いと思いますが、この事故の被害者は歩行中、自転車との事故も補償される保険に6000万円で加入していたのでしょう。

加害者の母親は、この保険金を払った保険会社に6000万円を返す義務が生じます。

なお、歩行中に自転車との事故で補償されるのは、損保ジャパンの人身傷害保険だけです。

◇自転車にも備えが必要

こういった大きな事故が報道されたことで、自転

◎自転車保険の一例

保険料は本人型で試算。家族がいるなら、家族型で加入しよう

商品名	会社名	保険料 1年当たり	賠償責任額	入院	死亡	内容
Bycle ブロンズ	au 損保	340円 × 12カ月= 4,080円	2億円	8,000円（自転車事故）	500万円（自転車事故）	示談代行サービス／自転車ロードサービスあり
ネットde保険さいくるBコース	三井住友海上	4,070円	3億円	6,000円	1,000万円	示談代行サービス
サイクルアシスト	楽天損保	3000円	1億円	2,500円	なし	示談サービスつき

自転車のリスク

自分のけが

他人にけがをさせる

他人の物を壊す

車保険への加入を義務づける自治体が増えてきました。自分が加害者になったときはもちろん、自分自身が死傷したなど両方の補償を得ることが可能です。いわば、**賠償責任保険と傷害保険をセットした保険**だと考えてください。

保険会社によって異なりますが、自分の死傷に対する補償は低く、一般に死亡500万円、入院日額6000円といったところでしょうか。

自転車保険や傷害保険では、入院や通院の補償は事故から180日まで。自分の意識が戻らず長期入院という状態では、180日より後の支払いはストップされます。

1番手厚い補償を得るためには、自動車保険の人身傷害補償保険を無制限で、歩行中を含めて補償される保険をチョイスしてください。自分はもちろん、家族まで幅広く補償されるタイプを選びましょう。そして個人賠償責任保険特約、弁護士費用特約、示談サービス特約を付加すると無敵となるでしょう。

残念ながら自動車を持っていない場合には、これほど手厚い方法はほかに見当たりません。

備えあれば憂いなし

個人賠償責任保険の重要性について

◇ペットの噛みつき事故も補償の対象に

個人賠償責任保険の重要度が高まってきました。

この保険は契約者と同居する家族が、**日常生活中に起こした賠償責任事故を補償する**保険です。自転車の賠償事故はもちろん、ペットが起こした噛みつき事故なども対象です。保険会社によっては、日常生活賠償保険と呼ぶこともあります。

通常、数億円くらいの補償がありますから、先ほどの9500万円の自転車事故であれば、最悪の事態は免れることができます。

保険料はわずか年間2000円ほど。こんな魅力的な個人賠償責任保険とは、自転車事故のほか、どのような場合に役立つのでしょうか。

たとえば、

・お店の商品を壊してしまった
・洗濯機から水が漏れて階下の家を水浸しにした
・飼い犬が他人に噛みついた
・歩行中、人と衝突して、けがをさせてしまった
・ゴルフプレー中に自分が打ったボールが他人にあたり、けがをさせた
・ベランダの鉢植えが落下して歩行者の頭に当たり死亡させた

などです。

◇どんなにかわいそうでも自己責任

特筆すべきは、認知症の人が起こした踏切事故です。

2014年春に認知症の人が起こした踏切事故についての判決は、要介護1であった妻に監督責任があ

◎注意！こんなケースは保険金がもらえません

個人賠償責任保険で保険金が支払われない主な場合は、次のとおりです。

自動車保険にも火災保険にも加入していない人は、傷害保険にセットできるケースも。

1. 契約者、被保険者の故意
2. 地震・噴火またはこれらによる津波が原因の場合
3. 被保険者と同居の親族に対する損害賠償責任
4. 被保険者が所有、使用、管理する財物の正当な権利を有する者に対する損害賠償責任（賃貸アパートを消失してしまった場合、大家さんに対する賠償責任）
5. 被保険者の職務遂行に直接起因する損害賠償責任（仕事中は対象外）
6. 被保険者の心神喪失に起因する損害賠償責任（酔っ払っているときなど）
7. 航空機・船舶・車両の所有、使用、管理に起因する損害賠償責任

るとされ、賠償が求められたのです。この事故は、妻が目を離したすきに男性が外出してしまい、踏切事故で死亡しました。鉄道会社は代替輸送などにかかった費用を妻と別居の長男に請求したものです。

詳しい記事を読んでみると、老老介護で妻の負担も限界に達し、ついウトウトした隙に夫が外に出たそうです。そもそも妻も要介護1。賠償額は720万円でしたが、この裁判は家族に監督義務なしと最高裁で逆転判決となりました。

しかし、もし裁判に負けてしまったら、本人、遺族が賠償責任を負わなければなりません。また、本人が生きている場合であっても、年少者や認知症のお年寄りなど、責任能力がない場合は、今回のように監督者が責任を追及されることもあるのです。

小学生の自転車事故は親が責任を追及され、踏切事故は妻と長男が責任を追及されました。

同居、別居にかかわらず家族の事故を補償するのが、**日本生命とあいおいニッセイ同和損保の「まるごとマモル」**別居の父母に対する補償があります。保険料は、1年間に1990円です。

備えあれば憂いなし

ペット保険は必要なのか？

◎ペット高齢化かさむ費用

ペットは可愛いものですが、かわいいときばかりではありません。我が家にも猫が2匹いますが、エサ代や薬代で毎月1万円ほどかかっています。1匹は白内障で、人間と同じ薬を1日2回、点眼しなければなりません。その薬は獣医で購入すると、1本1200円。親族も同じ薬を使っているのですが、1割負担なのでたったの100円！　最近では1本1万円の関節炎の注射を毎月しています。

ペットの費用の中でもお金がかかるのは病院代ではないでしょうか。幸い、我が家の猫たちは、これまで病院にかかっていませんが、以前、お腹に毛玉がたまってしまい、3万円近くかかった経験もあります。

ペットは自由診療なので、全額自己負担。入院・手術となれば、数十万円かかることはざらです。

最近はペット保険の補償が多彩になってきました。たとえば、がんに特化した商品もあります。オリックス生命が扱っているペットメディカルサポートのPS保険は、自己負担がゼロを選ぶことができます。補償の種類は50%、70%、100%の3種類。さらに特約で葬祭費用を補償してくれます。

ペットも保険証を使えればよいですね！　そんなペット保険があります。

ペット保険の保険金の請求は「窓口精算型」と「立替請求型」の2種類があります。窓口精算型が、いわゆる保険証を提示して、自己負担額だけ払えばよいタイプです。たとえば、アニコムの**「どうぶつ健保ふぁみりぃ」**では、**「どうぶつ健康保険証」**を提示することで、70%の補償を選んだ場合、人間の健康保険の

◎ペットに必要な年間のお金はどのくらい？

項　　目	犬	猫
ケガや病気の治療費	67,367円	31,138円
フード・おやつ	66,066円	49,103円
サプリメント	11,020円	3,100円
しつけ・トレーニング料	7,930円	0円
シャンプー・カット・トリミング料	47,273円	2,714円
ペット保険料	45,445円	27.385円
ワクチン・健康診断等の予防費	34,154円	13,504円
ペットホテル・ペットシッター	4,455円	1,092円
日用品	14,202円	13,429円
洋服	12,853円	629円
ドッグランなど遊べる施設	3,466円	25円
首輪・リード	6,123円	1,450円
防災用品	1,561円	1,050円
交通費	16,714円	486円
光熱費（飼育に伴う追加分）	18,724円	15,661円
合計（円）	357,353円	160,766円

出典：ペットにかかる年間支出調査2022（アニコム損害保険）

ように窓口負担は30％ですみます。

「ふぁみりぃ」は、7歳11カ月までですが、「しにあ」は8歳以上何歳まででも入れます。ただし、「ふぁみりぃ」は、通院と入院の両方を補償しますが、「しにあ」は、入院のみの保障です。

一方、**立替請求型は、いったん全額を立替えた後、保険金を請求するしくみ。その際、診療診断書などの書面は有料になるケースもあります。**

我が家の猫はペット保険に加入していません。もちろん、今年18歳ですから今さら加入できませんが、若いときから入らないと決めていました。

たとえば、4歳のときにペット保険に入ったとしましょう。我が家の猫は、日本猫。4歳の日本猫の保険料は、毎月2760円。18歳まで保険料を払ったら約46万円（PS保険、100％補償プラン）。

月に1万円の注射を打ったとしても、とても46万円にはなりません。幸い、我が子は重病をしていないので、よかったと思います。重病を患っている場合など、ペット保険は役立つでしょう。

備えあれば憂いなし

安心な旅行保険の掛け方

◇盲腸で600万円請求された？

国内旅行で旅行保険に加入する人はそう多くないと思いますが、海外旅行に出かけるときは必ず**「海外旅行保険」**に加入しましょう。海外旅行では習慣の違いや時差があったり、水や食べ物の違いから調子を崩す人が多くなります。

日本では健康保険のおかげで、医療費の心配をせずに病院へ行くことができますが、アメリカのように医療費の高い国で入院となったら、さあ大変。お金がなければ病院へ行くこともできません。

たとえばフランスのパリで日本人が具合が悪くなると、〝アメリカン・ホスピタル〟へ運ばれることが多くあります。この病院には日本人医師、看護師、通訳などがいて、言葉の問題がないからです。

しかし、アメリカの病院ですから、想像を絶するほど高い医療費が請求されます。盲腸で手術をした場合、数百万円の請求は当たり前。5万5000ドル請求された例もあります。

1ドル140円だと、770万円！　円安が進むとさらに高騰します。

もっと重い病気だったり、入院が長期にわたったら？　とても怖くて考えられません。

よくファイナンシャルプランナーの裏ワザで、「クレジットカード付帯の海外旅行保険があるから、わざわざ保険料を払って、海外旅行保険へ加入する必要はない」という記事を目にしますが、足りなかったらどうするのしょう？

保険料を節約するのはけっこうですが、**補償額まで節約するのは絶対にやめましょう。**

◎海外旅行保険の補償

傷害死亡	1,000万円
傷害後遺障害（程度に応じて）	30万円～1,000万円
疾病死亡	500万円
治療・救援費用	無制限
緊急歯科治療費用	10万円
個人賠償責任（1事故当たり）	1億円
携行品（携行品1つ当たり10万円限度。乗車券・航空券などは5万円限度）	30万円
旅行事故緊急費用	5万円
保険料　8日間	8,240円

通常の歯科は対象外

海外旅行保険は一歩家を出てから、家に帰るまで国内の事故も補償します

（例）AIG損保海外旅行保険（ヨーロッパ8日間）

◇盗難被害は多発している

さて、観光が終わったらお風呂です。お湯がいっぱいになるまで、ベッドに横になっていたら眠ってしまい、自分の部屋はおろか階下まで水浸しにしてしまいました。お湯は自動で止まりません。

もちろん、ホテルからは損害賠償を請求されますが、個人賠償責任保険（２３２ページ）は国内の事故だけ。やはり海外旅行保険は必要なのです。

また、事故で親族が日本から迎えに来る必要があるかもしれません。めったに起こらないと思うかもしれませんが、海外旅行における盗難や病気は日常茶飯事です。

以前、パリにある旅行会社のツアーデスクで、7年近く働いた経験から多くのトラブルを経験しました。

もしパスポートを盗まれたら、ツアーを離脱する可能性も出てきます。もちろん、保険がなければツアーを追いかける費用は自分持ち。海外旅行に行くときは、必ず保険に入ってくださいね。

COLUMN

火災保険の契約では水災をつけるのを忘れないで

◆水災リスクに備える

頻発する台風に、集中豪雨などで水災のリスクが高まっています。2023年7月福岡県を中心に全国で甚大な被害が発生しました。死者と行方不明合わせると14名。床上浸水など建物の被害は3082件でした。

こういった水災には火災保険で備えることができます。しかし、保険料を安くすることを優先する場合、水災の補償を外してしまっている可能性が高いので注意が必要です。

水災とは、洪水（こうずい）、高潮、土砂崩れなどによる損害をいいます。たとえば、台風で屋根の一部が壊れてしまい、そこから雨が吹き込んだことで発生した水濡れ損害は風災として補償されますが、建物に損害がなく、単に大雨による水濡れ損害や土砂崩れなどは水災をつけないと補償されません。

水災ありと水災なしの保険料を比較すると、SBI損保の場合、2年間で2万7990円の差があります。

相次ぐ自然災害。火災保険の保険料は2024年中にもさらに引き上げる予定です。

火災保険の補償範囲と保険料
戸建て：保険金額 1,600 万円
保険期間：2年（東京都）

保険事故名	SBI 損保	
火災	○	○
落雷	○	○
破裂・爆発	○	○
風災・ひょう災・雪災	○	○
水災	○	×
飛来・落下・衝突（自動車の飛込みなど）	○	×
（給排水設備などに生じた事故）水濡れ	○	×
暴行・破壊	○	×
盗難	○	×
地震	×	×
保険料（掛金）	65,390 円	37,400 円

STEP

おわりに

保険についての知識は、どうしても販売側のほうが豊富ですし、有利になります。「どのような話法を用いれば保険に入ってくれるのか」というテクニックをはじめ、加入してもらうためにロールプレイングを行うなど、日々訓練を積んでいることでしょう。保険勧誘のためのマニュアルだって存在します。

そんな保険販売のプロに立ち向かうためにも、**「知らない」ことや、「すすめられるままに契約をする」ということは避けなければなりません。**

保険という不利な金融商品を購入する以上、自分で判断できるようにガードを固める必要があるのです。

保険は複雑なので「納得いくまで担当者に質問をしましょう」という記事を目にすることがありますが、これには注意が必要です。**十分な知識を持っていない人が、販売する人だけの話を聞いた場合、必要のない保険に入ってしまうことになりかねません。**保険の相談も医療のように、**セカンドオピニオン**を求めることが大切だと感じています。

なぜかというと、普通の金融商品の場合、積み立てたお金は自分のものになりますが、保険の場合、支払った保険料は困った人を助けるために使われ、自分に返ってくることはほとんどないからです。

本書で保険の役割をぜひ考え直してみてください。

私自身も保険に入ってますし、必要だと思っています。ただ、保険に頼りすぎてはならないのです。幸せに生きていくためにも、老後の資金を準備するためにも、工夫していくことが必要です。

「少しでも有利に保険に加入したい」
「余計な保険料は払いたくない」

読者のみなさんには、ぜひそんな感覚を持っていただきたいと思います。

そして、保険に頼るのか、頼らないのかを見極めて、あなたが主導権を持って、賢く保険を利用していってください。本書がその一助となることを願っています。

横川　由理

●著者略歴

横川 由理（よこかわ ゆり）

FPエージェンシー代表、CFP®、証券アナリスト、MBA（会計&ファイナンス）。国内大手保険会社での勤務を通じて、お金の大切さに気づく。以来、お金の知識を広めることをライフワークとして、FP資格取得講座、マネー講座、執筆などを中心に活動。各誌保険ランキングの選考委員や記事で、辛口の指摘を行っている。著書に『50歳から役に立つ「お金のマル得術」』『老後にいくら必要か?』『アベノミクスで変わる！「暮らしのお金」の○と×』『「年代別」未来年表で早分かり！ 50歳からの資産防衛術』（すべて宝島社）『大切な人を亡くしたあとのお金のこと手続きのこと』（河出書房新社）など多数。監修には年度版シリーズ『よい保険・悪い保険』などがある。

WEB SITE https://fp-agency.com/

2024～2025年版

商品名がズバリわかる！

保険（ほけん） こう選（えら）ぶのが正解（せいかい）！

2023年11月30日 初版第1刷発行

著　者　横川 由理
発行者　小山 隆之
発行所　株式会社 実務教育出版
〒163-8671 東京都新宿区新宿 1-1-12
電話 03-3355-1812（編集） 03-3355-1951（営業）
印刷所　壮光舎印刷
製本所　東京美術紙工

ISBN978-4-7889-1326-4 C2033